하이테크
러다이즘

Breaking Things at Work

The Luddites Are Right about Why You Hate Your Job

숙명여자대학교 인문학연구소
HK+사업단 학술연구총서 **09**

하이테크 러다이즘

디지털 시대의 기계 혐오

개빈 뮬러 지음

하홍규 옮김

한울
아카데미

Breaking Things at Work:

The Luddites Are Right About Why You Hate Your Job

by Gavin Mueller

Copyright © Gavin Mueller 2021

Korean translation copyright © HanulMPlus Inc. 2023

나의 아이들, 핀(Finn)과 이브(Eve)에게

감사의 글

이 책을 쓰기 위해 세 도시, 두 대륙, 여러 직업과 일 심지어 실업의 연속을 거치는 여정이 필요했다. 이것은 이 책이 좋든 나쁘든 학문적 불안정성의 산물이라는 얘기다. 내가 보기에는, 이후로도 나의 모든 작업은 그러할 것이다. 그리고 나는 그러한 조건 아래서 글을 쓰는 것이 얼마나 어려운지 경험적으로 알고 있다. 심신을 약화시키는 허드렛일이 간간이 끼어드는 가운데 정신없이 과로에 휩싸이고, 지적이고 사회적인 연결망으로부터는 소외되고, 새로운 장소에서 다시 처음부터 시작하나 헛수고만 하는 느낌과 같은 조건 말이다. 당신이 사람들과의 접촉을 끊으면, 그들도 당신과의 접촉을 끊는다. 그러한 분위기 속에서 계획과 프로젝트는 쉽게 사라져버린다. 나는 이러한 조건들 때문에 빛을 보지 못할 멋진 작품을 상상하기만 할 뿐이다. 그것은 이 책이 아마도 틀림없이 겪을 수 있었던 운명이다.

내가 이 책을 쓸 수 있었던 것은 오직 내 인생에서 내가 확립할 수 있었던 일관성과 연속성 덕분이다. 첫째는 내 아내 케이티(Katie)였다. 둘째는 계속 진행 중인 ≪뷰포인트 매거진(Viewpoint Magazine)≫에의 헌신이었다. 이를 통해 나는 이 책을 특징짓는 관점의 상당 부분을 구체화했다. 그 관점은 목적론적인 역사관과 존재론적인 계급 설명에 대한 나의 반감, 아래로부터 그리고 공식적인 제도와 좌파 이데올로기를 넘어서는 투쟁에 대한 변치 않는 관심이다. 나는 자신 있게 말할 수 있다. 이 책은 이론적이고 정치적인 헌신에 있어서 바로 '뷰포인트'의 책이다.

마르크스주의의 지적 전통은 권위 있는 전문가에 의존하는 데 만족한 적이 없으며, 그 전통의 범위는 온갖 종류의 자생적 이론가, 취미로 독학한 학자, 잡지에 글을 쓰는 노동 운동가, 도덕을 초월한 떠돌이 보헤미안, 당연히 일부 대학교수에게까지 폭넓게 펼쳐져 있다. 이 잡다한 지적 생산의 복합체, 이 복합체의 논쟁적이고 파편적인 통일성이 나에게는 마르크스주의를 그토록 흥미롭게 만드는 것이며, 이 책에서 나는 이 복합체의 실천가들이 가지는 이질성에 충실하려고 노력했다. 달리 표현하자면, 나는 마르크스주의의 이단적 측면, 비공식적인 채널 그리고 학계 밖의 공간에 충실하고자 분투한다. 내가 학문적 배경을 갖고 있음에도 불구하고, 이러한 것들은 궁극적으로 나와 나의 작업을 형성해 왔던 것들이다. 그래서 러다이즘(Luddism, 기계 파괴 운동)에 대한 책치고는 좀 이상하지만, 나는 여기서 이 책에 지울 수 없는 흔적을 남긴 나의 소셜 미디어 네트워크에서 활력 넘치는 코너들, 특히 '편안한 마르크스주의 토론 페이스북 그룹(Relaxed Marxist Discussion Facebook group)'에 감사를 표하고 싶다.

나는 또한 이 책의 탄생에 중요했던 몇 분에게 감사하고 싶다. 댈러스(Dallas)의 이전 동료인 앤드루 컬프(Andrew Culp)는 중요한 대화를 나눠주었고, 이 책을 제안하는 데 필요한 형식적인 절차를 밟는 것을 도와주었다. 리사 퍼치고트(Lisa Furchgott)는 초기 단계에서 중요한 역사적 자료를 제공했다. 나는 특히 버소 출판사(Verso Books)의 편집자인 벤 매비(Ben Mabie)의 인내심과 통찰력에 감사하고 싶다. 그는 예상보다 길었던 여정을 나와 함께했다.

차례

서론

제프 베이조스(Jeff Bezos)는 달로 갈 것이다. 2019년 5월 백악관에서 불과 몇 블록 떨어진 곳에서, 그는 일렉트릭 라이트 오케스트라(Electric Light Orchestra)의 곡 「미스터 블루 스카이(Mr. Blue Sky)」의 경쾌한 팔세토(falsetto) 하모니에 맞춰 그의 비밀스러운 블루 오리진(Blue Origin) 우주 탐사 기업이 개발한 달 착륙선을 공개했다. ≪뉴욕 타임스(New York Times)≫ 기자 케네스 챙(Kenneth Chang)은 "지구를 이롭게 하는 우주여행(Going to Space to Benefit Earth)" 이벤트라고 이름 붙여진 그 특별 행사를 "새 아이폰의 발표"에 비유했다. 아마존(Amazon)의 최고 경영자는 "우리는 우주로 가는 길을 만들 것입니다"라고 단언하며, 우주인을 달에 보내겠다는 트럼프(Donald Trump) 행정부의 독자적인 야망에 손을 내밀었다. "그런 다음에는 놀라운 일이 벌어질 것입니다."[1] 어떤 종류의 일일까? 행성 탈출과 다름없는 일이다. 베이조스는 수백만 개의 거대한 원통형 거주지 위에 수조 명의 인간이 우주에

---

1 Kenneth Chang, "Jeff Bezos Unveils Blue Origin's Vision for Space, and a Moon Lander," *New York Times*, May 9, 2019, nytimes.com

떠 있는 자주 언급되는 비전을 갖고 있다. 그것은 실리콘 밸리(Silicon Valley)의 엘리트 사이에 너무나 많은 것들처럼 오래된 공상 과학 소설에서 나온 꿈이다. 이 경우에는 책이 출판되자마자 의회로 하여금 우주 개척을 위한 모든 재정 지원을 포기하도록 했던 물리학자 제러드 오닐(Gerard O'Neil)의 1976년작 『하이 프런티어(*High Frontier*)』에서 나온 것이다.[2]

그러나 베이조스에게 우주 거주지는 진지한 사업이다. 우주 거주지가 제어할 수 없는 지구의 문제를 해결할 수 있기 때문이 아니다. 세계적인 빈곤과 환경 악화는 단지 '단기적인' 문제일 뿐이다.[3] 지구의 자원 공급이 줄어듦에 따라, 기술적 진보의 미래 자체가 먼 천체에 인봉되어 있는 방대한 양의 광물을 추출하는 데 달려 있다. 인류는 그 길을 따라갈 것이다

물론, 베이조스가 우주에 거액의 돈을 거는 유일한 억만장자는 아니다. 일론 머스크(Elon Musk)의 더 화려한 스페이스X(SpaceX)는 화성을 겨냥하고 있다. 습관처럼 트위터(Twitter)에 이야기를 하는 그는 유료로 10만 명의 여행객을 그 붉은 행성으로 운송할 계획을 밝혔다. 그리고 태양계를 통과할 티켓을 살 여유가 없는 사람의 경우, 대출을 받아 스페이스X의 행성 밖 시설 중 하나에서 일을 해서 갚을 수 있다.[4] 베이조스처럼 머스크에게도 여행은 이윤을 남기려는 노력이 아니다. 미래 자체에 대한 믿음을 회복하기 위한 프로젝트이다. 그는 2017년 국제 우주 회의(International Astronautical Congress)에서 "당신은 아침에 깨어나서 미래는 엄청날 거라고 믿고 싶을 것입

2   Corey S. Powell, "Jeff Bezos foresees a trillion people living in millions of space colonies. Here's what he's doing to get the ball rolling," *NBC News,* May 15, 2019, nbcnews.com.

3   Powell, 같은 글.

4   Tom McKay, "Elon Musk: A New Life Awaits You in the Off-World Colonies — for a Price," *Gizmodo,* January 17, 2020, gizmodo.com.

니다. 그것이 바로 우주여행 문명이 의미하는 전부입니다"라고 천명했다. "그것은 미래를 믿는 것에 대한 것이며, 미래가 과거보다 더 좋아질 것이라는 생각에 대한 것입니다."[5]

모든 테크 억만장자가 우주여행을 꿈꾸는 것은 아니지만(지금은 고인이 된, 미성년자를 성 착취한 금융가 제프리 엡스타인(Jeffrey Epstein)과 식사하기를 좋아하는 성향은 제외하고), 그들은 모두 공통점을 갖고 있다. 그들은 기술이 더 밝은 미래로 가는 길을 열어주고, 인류의 진보는 기계와 장치의 진보와 완전히 동일한 것이라고 믿는다. 빌 게이츠(Bill Gates)는 교육을 정비하기 위해 컴퓨터를 사용하고, 아프리카의 기아 문제를 해결하기 위해 유전자 변형 생명체(GMO)를 사용하기를 원한다. 그는 또한 남반구 저개발국의 위생 기반 시설의 부족을 해결하기 위해 새로운 화장실 변기 발명 대회를 후원한다. (게이츠 재단은 최근 인도의 우파 총리 나렌드라 모디(Narendra Modi)에게 화장실 설치 사업에 헌신한 공로로 글로벌 골키퍼 상(Goalkeepers Global Goals Award)을 수여했다.) 마크 저커버그(Mark Zuckerberg)는 칭찬할 만하게 자신의 회사의 결점 중 일부를 인정한다. "나는 우리가 사람들에게 목소리를 주고 그들이 연결되도록 돕는다면 그 자체로 세계를 더 좋게 만들 수 있을 것이라고 생각했었습니다. 많은 면에서 그랬습니다. 그러나 우리 사회는 여전히 분열되어 있습니다." 그는 당연히 페이스북(Facebook)에 글을 올린다. "이제 나는 우리가 훨씬 더 많은 것을 해야 할 책임이 있다고 믿습니다. 세계를 단순히 연결시키는 것만으로는 부족합니다 우리는 또한 세계를 더 가깝게 만들기 위해 노력해야 합니다."[6] 지나치게 창의적인 생각을 하는 사람은 결코 못 되는

5　Elon Musk, "Making Life Multiplanetary," 제68회 국제 우주 회의에서 발표된 원고의 축약본, September 28, 2017, spacex.com.

저커버그는 페이스북으로 인해 악화되는 문제를 해결하기 위해서는 더 많은 페이스북이 필요하다고 주장한다.

페이스북 이사이자 머스크의 이전 페이팔(Paypal) 파트너였고 현재 극우 자유 지상주의 정치 성향을 가진 벤처 기업가인 피터 틸(Peter Thiel)은 그의 기술에 대한 신념을 설명하기 위해 초자연적인 언어 사용역에 손을 뻗치는 데 주저하지 않는다. "인간은 기적을 행하는 능력에 의해 다른 종들과 구별됩니다. 우리는 이러한 기적을 기술이라고 부릅니다."[7] 인공지능 및 생명 연장과 같은 기술의 약속에 대한 그의 열망은 그 열망이 부족한 사람이라면 누구라도 믿기 힘들 정도로 대단하다. 그는 향수를 불러일으키는 '힙스터'의 취향을 유나바머(Unabomber) 테드 카진스키(Ted Kaczynski)의 "기술적 프런티어에 대한 믿음의 상실"과 일치시킨다.[8] 롤리타 익스프레스(제프리 엡스타인의 개인 전용 비행기의 별명 – 옮긴이)를 탔던 하버드 대학교(Harvard University)의 심리학자 – 다보스(Davos) 부대의 팡글로스 박사(Dr. Pangloss, 볼테르(Voltaire)의 소설 「캉디드(Candide)」에 등장하는 과도한 낙관주의자. '모든'을 뜻하는 'pan'과 '혀'를 가리키는 'gloss'의 합성어로 모든 것을 다 설명할 수 있는 박식한 사람이란 뜻으로 근거 없는 낙관주의자를 가리킬 때 사용한다 – 옮긴이] – 스티븐 핑커(Steven Pinker)는 좀 더 부드러운 언어 사용역 안에서 사람들이 그렇게 좋은 것을 가져본 적이 없었다는 것을 알기 원한다. 핑커는 2018년 저서 『지금 다시 계몽(Enlightenment Now)』에서 자신이 담당하는 젊은 학생들에게 테오

---

6   Mark Zuckerberg, "Bringing the World Closer Together," Facebook note, June 22, 2017, facebook.com.

7   Peter Thiel with Blake Masters, *Zero to One: Notes on Startups, or How to Build the Future* (New York: Crown Business, 2014), p. 5.

8   Thiel with Masters, 같은 책, p. 70.

도어 아도르노(Theodor Adorno)와 장폴 사르트르(Jean-Paul Sartre)를 가르치는 인문학 지식인들이 야기한 '진보 공포증'과 싸우고자 한다.[9] 그러나 공언한 세속주의자로서 핑커도 틸처럼 우주적인 언어 사용역에 손을 뻗치지 않을 수 없었다. "나는 역사적 필연성이라든가 우주의 힘, 신비한 정의의 원호(圓弧) 같은 개념이 미덥지 않지만, 어떤 종류의 사회 변화는 정말로 멈출 수 없는 지각 변동 때문에 일어나는 것처럼 보인다."[10] 그가 '기술 박애주의자(tech-nophilanthropist)', 정보 기술, 스마트폰, 온라인 교육, 소액 금융, 그리고 중복되게 들릴지 모르지만 과장된 찬사로 『지금 다시 계몽』의 표지를 장식하고 있는 빌 게이츠에 대한 극찬을 아끼지 않고 있는 것을 보면, 그 힘이 『지금 다시 계몽』의 판매를 뒷받침하는 바로 그 환경일 수 있다. 핑커는 커지는 불평등에 대한 통계는 무시하면서, 독자들에게 진보의 적들, 즉 환경주의자, 마르크스주의자, 포퓰리스트, 좌파를 조심하라고 경고한다. 그는 "현대 경제가 대부분의 사람을 팽개쳐버리고 있다는 인상은 러다이트(Luddite) … 정책에 힘을 실어줄 수 있다"고 경고한다.[11]

억만장자들의 기술 낙관주의는 정치적 우파와 중도파에서 비롯되지만, 급진 좌파에서도 발견될 수 있다. 급진 좌파 가운데 이른바 가속주의자는 실리콘 밸리 기업가의 광기 어린 환상을 등에 업고 완전 자동화된 화려한 공산주의를 기대하며, 스스로 '친과학적 좌파'라고 천명하는 이들은 지구상에서 가장 착취적인 사업의 병참 조직을 포용한다. 가속주의자들은 종종 그

---

9 Steven Pinker, *Enlightenment Now: The Case for Reason, Science, Humanism, and Progress* (New York: Viking, 2018), p.40. 〔스티븐 핑커, 『지금 다시 계몽: 이성, 과학, 휴머니즘, 그리고 진보를 말하다』, 김한영 옮김(서울: 사이언스북스, 2021), 72쪽〕.

10 Pinker, 같은 책, p. 109. 〔176쪽〕.

11 Pinker, 같은 책, p. 118. 〔190~191쪽〕.

14 하이테크 러다이즘

들이 지적하듯이 마르크스주의 전통 내에서 나오는 일반적인 견해에 동의하고 있다. 역사적으로 마르크스주의자는 기술이 노동자에게 해로워 보이는 방식으로 작업장에 배치될 때에도 기술에 대해서는 비판적이지 않았다. 많은 마르크스주의자에게 기술은 최악의 경우에도 중립적이다. 기술 자체가 아니라 노동이든 자본이든 기술을 통제하는 사람이 문제이다. 그리고 그들 중 일부에 따르면, 기술은 심지어 자본가에 의해 통제될 때에도 바로 상관의 코앞에서 급진적 변화의 조건을 창조하며, 사회주의에 도움이 된다. 이것은 기술 발전이 비록 단기적으로 부정적인 결과를 초래하더라도 사회주의 운동이 기술 발전을 긍정적인 것으로 취급해야 한다는 것을 의미한다.

나는 억만장자뿐만 아니라 나의 정치적·이론적 관점에 훨씬 더 가까운 친기술 마르크스주의자에게도 동의하지 않는다. 내가 보기에, 기술은 종종 노동 생활과 더 나은 노동 생활을 위한 투쟁에서 해로운 역할을 한다. 기술 발전은 거대한 부의 축적으로 이어지며, 그와 함께 노동자를 착취하는 사람들에게 권력을 가져다준다. 결국 기술은 노동자의 자율성, 즉 착취자에 대항해 싸우기 위해 스스로 조직할 수 있는 능력을 감소시킨다. 기술은 사람들로부터 자신의 삶을 통제할 수 있고 자신의 세계의 조건을 정할 수 있다는 느낌을 앗아간다. 만약 당신이 이러한 사람들의 운명에 관심이 있고 당신 자신을 현재의 시스템이 제공할 수 있는 것보다 더 평등한 미래를 원하는 사람이라고 생각한다면, 당신은 기술에 대해 비판적이어야 하며, 사람들, 특히 작업 현장에 있는 사람들이 기술에 저항해 왔던 그 순간들을 인정해야 한다.

이것은 이 책이 러다이즘(Luddism)에 관한 것이라고 말하는 것이다. 비록 첫 장에서 러다이트에 대해 논의하기는 하지만 그들에 대한 책은 아니다. 오히려 나는 19세기 초 영국의 직공들이 결성했던 운동 이면의 정치, 즉 초기 자본가가 기도했던 노동의 기술적 재조직화에 대해 전투적 입장을 취했던 정치에 관심이 있다. 러다이트는 새로운 기계가 생계를 위태롭게 하고 공동체를 파괴하고 있다고 믿었으며, 또한 그 기계를 표적으로 삼는 것이 기계에 대항하는 싸움에서 유효한 전략이라고 믿었다. 나는 우리의 현재 시점에서 노동 및 경제의 미래에 관한 논쟁의 용어가, 러다이즘이 오늘날까지 어떻게 지속적으로 노동자 운동을 계속 횡단했는지에 대한 더 나은 이해와 함께, 그러한 관점으로부터 유익을 얻을 수 있다고 믿는다. 두고 보면 알겠지만, 그것은 여전히 무의식적이더라도 저항할 수 없는 21세기 노동 현장의 정신이다.

이 책을 쓰는 목적 가운데 하나는 마르크스주의자를 러다이트로 바꾸는 것이다. 나는 두 가지 방식으로 이 일을 시작하고자 한다. 첫째, 나는 러다이즘이 마르크스주의와 지적으로 양립할 수 있다는 것을 입증하기 위해 마르크스(Karl Marx)에게로 거슬러 올라가 마르크스주의 이론 내에서 비롯된 사상의 한 흐름을 발굴한다. 그러나 이 프로젝트는 단순히 철학적 노력인 것만은 아니다. 오히려 마르크스주의 이론은 역사의 시험대, 즉 마르크스의 이론화와 그에 이은 많은 최고의 마르크스주의자들의 작업에 영감을 주었던 노동자 자신의 실제 실천의 시험대에 올려져야 한다. 그래서 나는 노동자들이 (상관이나 관리자로 의인화된) 계급 적대자뿐만 아니라 이 투쟁에서 배치된 기계에도 초점을 맞추었던 중요한 투쟁을 회복시킨다. 나의 주장은 이렇게 요약된다. 훌륭한 마르크스주의자가 된다는 것은 또한 러다이트가 된다는 것이다.

나는 마르크스주의자를 러다이트로 만들고 싶은 동시에, 또 다른 목표를 가지고 있다. 나는 기술에 비판적인 사람을 마르크스주의자로 바꾸고 싶다. 마르크스가 주장했듯이, 한 사회의 지배적인 사상이 그 사회의 지배 계급의 사상이라면, 기술 낙관론은 실제로 사회의 최상위에 있어야 한다. 그러나 억만장자와 아이비리그 출신 측근 들은 너무 많이 저항하고 있다. 그들의 낙관주의 자체에 대한 분별없는 열렬한 선전은 천문학적인 재력에는 미치지 못하는 사람들 사이에서 기술 낙관론이 쇠퇴하고 있다는 사실을 숨기고 있다. 우리는 일과 레저를 포화시키고 있는 기술로부터 점점 더 등을 돌리고 있으며, 나는 여기에 강력한 정치적 가능성이 있다고 생각한다. 그러나 이것은 이러한 시각이 우리가 살고 있는 사회 경제적 시스템, 즉 자본주의에 대한 더 큰 비판과 연결될 때에만 가능하다. 마르크스주의 이론은 자본주의가 어떻게 작동하는지 그리고 자본주의는 어떻게 바뀔 수 있는지를 이해하는 데 중요한 많은 도구 – 자신을 마르크스주의자로 생각하지 않을 수도 있는 사람들과 공유하고 싶은 도구 – 를 제공한다. 사실, 나는 마르크스주의 이론에 대한 배경 지식이 없는 사람들도 이 책에 쉽게 접근할 수 있기를 바란다. 어쩌면 이것은 내가 만난 그 어떤 것 못지않게 풍부하고 다양하며 번뜩이는 지적 전통에 대한 소개가 될 것이다.

현대의 기술 비판의 대부분은 승인되든 그렇지 않든 간에 낭만적인 인간주의의 자리로부터 비롯된다. 낭만적 인간주의는, 기술이 우리 자신의 어떤 본질적인 부분으로부터 우리를 분리시켜 왔고 우리를 진정한 인간으로 만드는 것으로부터 멀어지게 한다는 관념이다. 예를 들어, 사회 과학자이자 영향력 있는 기술 비평가인 셰리 터클(Sherry Turkle)은 우리에게 편리하고 잘 조직된 현실에 살 수 있게 함으로써 우리 존재의 '원초적인, 인간적인 부분'으로부터 우리를 멀어지게 하는 스마트폰으로부터 '대화를 되찾기'를 요청한다.[12] 유사한 언어 사용역 내에서, 팀 우(Tim Wu)는 매혹적인 미디어 광고

---

12 Catherine de Lange and Sherry Turkle, "We're Losing the Raw, Human Part of Being with

의 역사를 다룬 책 『주목하지 않을 권리(*The Attention Merchants*)』의 결론을 맺으면서, 광고에 의해 추동되는 인터넷의 테크닉과 기술로부터 우리의 주의력을 보호하기 위한 '인간 되찾기 프로젝트'를 주창한다. 팀 우는 '플러그 뽑기'와 같은 실천을 "주의력을 다시 우리의 것으로 만들고 삶의 경험 자체에 대한 소유권을 되찾기 위한" 더 큰 노력의 시작으로서 칭송한다.[13] 터클과 우의 불평 속에서 탈주술화와 도구화를 통해 존재의 신비한 경험으로부터 우리를 소외시키는 기술을 비판했던 마르틴 하이데거(Martin Heidegger)의 메아리를 들을 수 있다.[14]

비록 내가 보편적인 인간 본질을 믿었다고 해도(완전히 밝히자면 나는 믿지 않는다), 그것을 회복하는 것만으로는 충분하지 않을 것이다. 기술의 문제는 단순히 기술이 우리를 존재나 진정한 경험으로부터 소외시키는 것이 아니다. 결국, 이것은 테크 기업들 스스로 기꺼이 그에 대한 해결책을 판매하는 문제이다. 구글(Google)과 애플(Apple)은 사용자가 화면 보는 시간을 줄일 수 있도록 돕는 그들만의 '웰빙' 서비스를 시작했다.[15] 대신, 더 근본적인 기술의 문제는 기업주, 상관, 정부에 의해 우리 대부분에게 억지로 강요되는 위계와 부정의의 재생산에 기술이 어떤 역할을 하는가이다. 다시 말해서, 기술의 문제는 자본주의에서 기술의 역할이다. 이 책에서 나는 자본주의가 발전시킨 기술이 어떻게 그 목적을 성공시키는지 보여주는 것을 목표로 한다.

Each Other," interview, *Guardian*, May 5, 2013, theguardian.com.

13 Tim Wu, *The Attention Merchants* (New York: Knopf, 2016), pp. 343~344. 〔팀 우, 『주목하지 않을 권리』, 안진환 옮김(서울: 알키, 2019), 512, 515쪽〕.

14 Martin Heidegger, "The Question Concerning Technology," in *Martin Heidegger: Basic Writings*, trans. W. Lovitt, ed. D. F. Krell, rev. ed. (London: Routledge, 1993), pp. 311~341.

15 Jack Rear, "How to Give Yourself a Proper Digital Detox ⋯ according to Google," *Telegraph*, February 8, 2019.

기술은 우리가 더 많이 일하도록 강요하며, 자율성을 제한하고, 우리가 대항하기 위해 조직할 때 의표를 찌르고 분열시킨다. 이에 대응해, 원기 왕성한 계급 투쟁은 필연적으로 그 시대의 기계를 목표로 삼을 것이며, 나는 그러한 순간들을 기록한다.

이런 식으로, 나는 단순히 나가서 기계를 부수라고 말함으로써 운동에 조언을 던지고 있는 것이 아니다. 내가 하려는 것은 **노동자 스스로가** 반복적으로 투쟁을 통해서 러다이트가 되었었다는 것을 보여주는 것이다. 19세기 초 킹 러드(King Ludd)의 자칭 추종자들이 그러했고, 그 이후 수십 년 동안 노동자들도 그러했다. 심지어 컴퓨터 시대의 가장 기술적으로 능숙한 일부 노동자들에게도 해당된다. 마르크스주의자가 해야 할 일이 있다면, 과거 투쟁의 역사를 연구하고 그 역사로부터 배우는 것이며, 과거 운동으로부터 목소리를 회복해 현재의 목소리에 영향을 미칠 수 있게 하는 것이다. 우리의 이론은 이러한 투쟁으로부터 그 이론의 형식을 취해야 하며, 위로부터 충고하고 질책하는 것이 되어서는 안 된다.

이 책을 쓰기 시작했을 때, 내 입장은 대중적이지 않았다. 가속주의는 우파와 좌파의 외피를 모두 쓰고 기하급수적인 기술 발전이 현재 순간의 정치적·사회적 난관을 극복할 수 있다는 믿음과 함께 전성기를 누리고 있었다. 가속주의의 처음 전술은 신자유주의의 침체에서 사이버네틱한 도약을 할 수 있다는 것이었다. 그러나 행로가 바뀌었다. 2016년 이후 그 어느 때보다 적은 수의 사람이 미래에 대한 신념을 가지고 있으며, 디지털 네트워크, 자동화, 또는 인공지능의 가장 최근의 발전으로 인한 유익한 효과를 믿는 사람은 훨씬 더 적다. 중동의 '트위터 혁명'은 분쇄되어 버렸다. 이른바 공유 경제의 싸구려 스쿠터들은 거리를 질식시키고, 우리는 인스타그램(Instagram) 계정 '새의 무덤(Bird Graveyard)'에서 그 스쿠터의 파괴를 집단적으로 찬양한다. 반자본주의 정서뿐만이 아니라 러다이트의 정서도 뚜렷하게 상승하고 있다. 다음 장들에서 보여주겠지만, 이러한 태도는 서로를 보완하며, 급진 정치의 미래에 대한 열쇠를 쥐고 있다.

1
킹 러드의 밤들

1810년대에 영국 왕실은 한 문제에 직면했다. 불만을 품은 직공, 전모공 (cropper), 다른 수직공 들이 소유와 국가에 대항해 장기간의 반란을 시작했다. 쟁점은 새로운 유형의 기계, 즉 숙련된 전문직을 저질의 도급 일로 변형시키며 이전에 필요한 노동 시간의 일부만을 사용해 옷을 생산하고 마감할 수 있는 양말 짜는 기계, 기모 기계(gig mill), 전단기(shearing frame)였다. 임금은 폭락하고 배고픔이 찾아오기 시작했다. 수천 개의 공동체는 그러한 대변동으로 위협을 받았다.

이러한 기술 중 일부는 수 세기 동안 영국과 프랑스를 중심으로 퍼지면서, 반복적으로 노동자의 분노를 유발했다. 전모공들은 수년 동안 특별히 전모 기계를 표적으로 삼고 있었으며, 18세기가 끝나갈 무렵 리즈(Leeds)에 있는 여러 기계가 공개적으로 파괴되었다. (당국의 후속 조사는 그 사건의 목격자를 찾지 못했다고 한다.) 어떤 경우에, 수직공들은 이전 정부에 기술로부터 생계를 보호하는 결정을 내려달라고 호소해 성공을 거두었다. 하지만, 불과 몇 년 후, 상황은 빠르게 변하고 있었다. 의회가 나폴레옹과의 전쟁들에 집중했다는 것은 제멋대로 구는 직인들(craftsmen)의 요구에 인내심을 가지기 어려웠음을 의미했다. 노동조합 활동을 금지한 새로운 단결 금지법(Combin-ation Laws)은 직조공의 집단행동을 엄격하게 제한했다. 공장 소유주는 기회를 보았고, 기계를 도입하고 임금을 깎기 위한 노력을 배가했다. 긴장이 고조되면서, 새로운 전략이 등장했다.

1811년에서 1812년 사이에 '네드 러드(Ned Ludd)'라고 불리는 신화적 지도자의 후원 아래 조직화되고 비밀스러운 수십 번의 공격으로 수백 개의 새로운 기계가 파괴되었다. 그들의 악명 높은 습격 외에, 이른바 러다이트는 떠들썩한 대중 시위를 시작했고, 혼란스러운 폭동을 촉발했으며, 지속적으로 공장(mill)으로부터 몰래 훔쳤다. 이 모든 활동은 놀라운 수준의 조직된 공격성으로 특징지어졌다. 그들의 정치는 폭력 행위의 형태를 취했을 뿐만 아니라, 더 높은 최저 임금, 아동 노동의 중단, 의류 품질 기준과 같은 개혁을 압박하면서 지역 기업가와 정부 관료 들에게 청원하고, 때로는 협박하는 다량의 분산된(decentralized) 편지 쓰기 캠페인으로 표현되기도 했다. 러다이트의 정치적 활동은 그들 공동체로부터 공감을 얻었으며, 공동체의 광범위한 지지는 당국으로부터 투사들의 신원을 보호했다. 노팅엄(Nottingham)에서의 활동이 한창이던 1811년 11월부터 1812년 2월까지 복면을 한 훈련된 러다이트 무리는 매일 밤 기계를 공격하고 파괴했다. 직조 공장 주인들은 겁에 질렸다. 임금은 올라갔다.

수직공의 반란은 자코뱅(Jacobin)과 같은 다른 지하 반정부 세력과 연계될 염려가 있었다. 실제로, 적어도 한 러다이트가 최근에 사망한 공화당 작가 토머스 페인(Thomas Paine)의 이름으로 그의 편지에 서명했다. 의회는 이제 충분히 관심을 가졌다. 의회는 폭력을 진압하기 위해 전국에 군인을 파견했고, 기계 파괴를 사형죄로 규정하는 새로운 법안을 통과시켰다. 시인 바이런 경(Lord Byron)은 의회 첫 연설에서 러다이트 '폭도'에 대해 취해진 이러한 조치를 규탄했다. "여러분은 그 사람들을 폭도라고 부를 수도 있지만, 때로는 폭도도 진정으로 민심을 나타낸다는 것을 잊지 마십시오"라고 경고했다.[1] 바이런의 주장을 인정하듯, 소규모 직조 공장 소유주들은 점점 더 기계를 설치하기를 두려워했다. 이것은 기계를 계속 사용했던 대규모 작업장의 소유주들이 자신이 표적이 될 가능성이 높다는 것을 알았다는 의미였다.

윌리엄 카트라이트(William Cartwright)는 그러한 소유주 중 한 명이었으며, 그는 피할 수 없는 러다이트의 공격에 대비했다. 1812년 4월 9일 밤, 러다이트들은 조지프 포스터(Joseph Foster)가 소유한 거대한 호버리(Horbury) 공장 단지에 대한 대담한 습격을 시작했다. 그들은 수백 명의 병력을 모아서 유혈 사태 없이 포스터의 아들들을 감금한 후 성공적으로 건물을 파괴하고 불태웠다. 카트라이트는 그렇게 쉬운 표적이 아니었을 것이다. 그는 공장을 요새화하고 몇몇 파수꾼들과 함께 안에 숨어 있었다. 4월 11일 러다이트들이 공장에 내려와서 밍치로 문을 부수기 시작했을 때, 그와 파수꾼들은 공격을 시작했다. 총격전 이후, 러다이트들은 나중에 부상 때문에 굴복한 두 부상자를 남기고 퇴각했다. 집중적인 감시와 조사에도 불구하고, 4월 말 공장 소유주에 대한 일련의 암살 시도(1건 성공) 이후에도 공격자의 정체는 한 명도 확인되지 않았다.

그러나 결국에는 스파이와 엄중한 단속이 효과를 거두었고, 1813년 1월 당국은 러다이트의 윗사람으로 의심되는 몇몇 사람들을 확인하고, 체포하고, 처형했다. 기계 파괴의 가장 두드러진 국면은 빠르게 진정되었다. 그러나 그 운동은 강력한 신화와 그 신화를 장식한 증오스러운 국가와의 대결에 힘입어 지하에서 계속되었다. 산발적인 기계 파괴의 발생은 수년 동안 이어

---

1   FRAME WORK BILL, HL Deb 27 February 1812 vol 21 cc96479, parliament.uk.

졌다. 바이런 경이 1816년 그 운동에 대한 찬사로 쓴 「러다이트를 위한 노래(Song for the Luddites)」에서 포착한 것이 바로 이러한 특징이었다. 그 노래는 기계 파괴 운동이 역사적으로 파국을 맞게 되겠지만 미래의 해방 투쟁을 위한 토대를 마련하는 데 성공적이었다고 묘사했다. 러다이트가 흘린 피는 "러드가 심은 자유의/ 나무를 새롭게 하는/ 이슬"이었다.[2] 이 신화적인 비밀스러운 특성은 우리 시대까지 이어져 왔다. E. P. 톰슨(E. P. Thompson)이 말하듯이, "오늘날까지 러다이트 운동은 그 비밀의 전부를 드러내기를 거부하고 있다".[3]

바이런의 노력에도 불구하고 역사는 러다이트에게 관대하지 않았다. 그들의 기계에 대한 호전적인 반대는 그들의 유산이 일종의 기술 공포증으로 이해되어 왔다는 것을 의미했다. 그리고 그들의 반란이 대량 생산의 도래 초기에 일어났기 때문에, 러다이트는 필연적인 진보에 대한 비합리적인 공포와 동의어가 되었다. 기술 비평가들은 러다이트의 유산을 수행적으로 부인하거나 부적절한 동감을 공언하는 자신을 발견한다. 기술에 대한 비평가 앤드루 킨(Andrew Keen)은 소셜 미디어에 대한 반감을 설명하면서 "나는 러다이트가 아닙니다"라고 주장한다.[4] 이것은 교육자, 음악가, 심지어 정보 기술 전문가 들까지 망라해, '러다이트 고백'이 확립된 에세이 장르가 된 것과 마찬가지이다.[5]

---

2 George Gordon Byron, *The Works of Lord Byron: Poetry: Vol. VII.* ed. E. H. Coleridge (London: John Murray, Albemarle Street, 1904), p. 42.

3 E. P. Thompson, *The Making of the English Working Class* (New York: Vintage, 1966). [E. P. 톰슨, 『영국 노동계급의 형성』, 나종일 외 옮김(파주: 창비, 2000)].

4 Jamillah Knowles, " 'I'm Not a Luddite' — Andrew Keen Talks about His New Book *Digital Vertigo*," *NextWeb*, May 26, 2012, thenextweb.com.

5 각각 Daniel W. Drezner, "Confessions of a Luddite professor," *Washington Post*, April 28,

기술 공포증과 러다이트의 연관성은 그 자체로 그들에게 목소리를 내는 동조자를 제공했다. 1984년 토머스 핀천(Thomas Pynchon)은 "러다이트가 되어도 괜찮은지"[6] 건조하게 물었으며, 1990년대는 이른바 신러다이트 운동을 목격했는데, 그것은 현대 기술에 반대하는 느슨한 연합으로 다양한 사회 비평가를 급진적인 환경주의자와 함께 묶는 것이었다. 선언문은 그들이 기술 자체를 반대하지 않는다고 명시했지만, 유전 공학에서 텔레비전, 컴퓨터, '전자기장 기술'까지 모든 것에 대한 신러다이트의 반대가 반문명 아나코 원시주의(anarcho-primitivist, 아나코 원시주의는 아나키즘의 정치적 틀과 원시주의적인 문화 비판을 결합한 정치·윤리적 운동이다. 문명에 대한 아나키즘적 비판으로서 탈산업화, 노동 분업과 전문화의 폐지, 대규모 조직과 고도 기술의 포기 등을 통해 비문명적 삶의 방식으로 돌아갈 것을 주장한다 – 옮긴이)에 빚을 지고 있다는 것을 숨기고 있었다.[7] 유나바머 테드 카진스키[8]와 동일시하고 주요 인사(이자 러다이트를 환기시키는 역사를 저술한) 커크패트릭 세일(Kirkpatrick Sale)이 분리주의 운동과 연이어 유희를 펼치는[9] 것과 같은 이상한 특성은 특유의 괴팍

2016, washingtonpost.com; Gareth D. Smith, "Confessions of a Luddite: My Eventual Acceptance of Technology in Performance," *Thinking about Music*, January 3, 2015, thinkingaboutmusic.com; Sanford Hess, "Confessions of a Closet Luddite," LinkedIn blog post, August 23, 2016, linkedin.com/pulse/confessions-closet-luddite-sanford-hess 참조.

6　Thomas Pynchon, "Is It O.K. to Be a Luddite?," *New York Times*, October 28, 1984.

7　Chellis Glendenning, "Notes toward a Neo-Luddite Manifesto," *Utne Reader*, March/April 1990.

8　카진스키의 선언문은 급진적 환경 단체인 '지구 먼저(Earth First)!'에 의해 출판되었고, 그는 아나코 원시주의 작가인 존 저잔(John Zerzan)으로부터 강한 지지를 끌어냈다. Kenneth B. Noble, "Prominent Anarchist Finds Unsought Ally in Serial Bomber," *New York Times*, May 7, 1995 참조.

9　Jack Hunter, "Radical Kirk," *American Conservative*, June 16, 2011, theamericanconservative.com.

한 냄새를 풍긴다.

신화의 적용에 유연성과 불확정성의 요소를 포함하는 것이 신화의 본질이다. 실제로 러다이트는 그들의 시대에 신화적 성격을 띠었다. 그들은 상상의 왕의 이름을 들먹였다. 집합적 주체와 연결된 신화의 구성은 러다이트 투쟁을 200년이 지난 지금까지도 흔히 사용되는 표현으로 만든 원인의 일부이다. 미디어 이론가 마르코 데지리스(Marco Deseriis)가 주장하듯이, 러다이트 레토릭의 힘은 그렇지 않았다면 느슨하게 연결되었을 투쟁을 실천과 서사가 연결된 묶음, 즉 그가 '언표 행위의 어셈블리지(assemblage)'라고 부른 것, "연결되어 있지만 상대적 자율성을 누리는 실용적 행위와 기호적 표현의 네트워크"로 접합시킨 데 있다. 데지리스에 따르면, 네드 러드라는 '부당한 가명'의 기능은 "정확히 말해서 쉽게 하나로 환원될 수 없는 수많은 용법을 통합함으로써 고착되는 것을 피하는 것이다".[10]

어쨌든, 러다이트는 제조 산업에 대한 조직적인 공격의 첫 사례가 아니었다. 특히 양말 짜는 기계는 수십 년 동안 표적이 되었었고, 영국 의회는 1788년에 기계를 보호하는 법안을 통과시켰다. 부유하고 권력이 있는 사람들은 기계를 권력을 축적하는 방법으로 이해했고, 권력을 행사하고자 했던 대상인 노동 계급도 마찬가지였다. 그래서 기계가 도입되는 곳이면 어디든지 기계의 도입과 동시에 파괴와 사보타주(sabotage)가 일어났다. 마르크스는 적어도 1630년대까지 거슬러 올라가는 풍력과 수력에 대한 오랜 적대감에 주목한다.[11] 산업 기계는 전통적인 삶의 방식을 붕괴시켰을 뿐만 아니라 노동

---

10 Marco Deseriis, *Improper Names: Collective Pseudonyms from the Luddites to Anonymous* (Minneapolis: University of Minnesota Press, 2015), p. 68.

11 Karl Marx, *Capital: A Critique of Political Economy*, vol. 1 (London: Penguin Books, 〔1867〕 1992), p. 554.

자들을 잔인하게 학대했기 때문에 예외적인 분노를 자극했다. 아마도 윌리엄 블레이크(William Blake)의 "어두운 사탄의 제분소"라는 시구에 영감을 주었던 런던의 거대한 앨비언 제분소(Albion Mills)는 제분소의 노동자들의 손에 의해 1791년에 완전히 불타버렸다. 그들은 화재 진압을 도와달라는 당국의 간청을 무시한 채 템스(Thames)강 둑에서 불길에 환호했다. 그 시대의 풍자가들은 재빨리 그 환호했던 이들을 위험한 급진주의자이며 구식 기계의 열렬한 지지자라고 이름 붙였다.[12] 1805년 리옹(Lyon)에서 프랑스의 견직공들이 자카르(Jacquard) 직기의 도착을 환영한 방식은 그 기계 발명가의 암살 시도와 그 장치의 공개적인 파괴였다.[13] 러다이트 반란이 짧게 유행한 이후에, 기계와 공장의 파괴는 프랑스, (필시 방화로 인해 많은 섬유 공장이 불에 타버렸던) 미국, 슐레지엔(Schlesien)과 바이에른(Bayern) 전역에서 계속되었다.[14]

기계를 파괴하는 노동자들로 가득 찬 역사에 비추어 볼 때, 러다이트는 왜 가장 긴 그림자를 드리우는가? 그것은 단지 그들이 좋은 실을 뽑아내는 방법을 알았기 때문만은 아니다. 어쨌든 왕은 신화를 파괴하기 위해서는 수천 명의 군대를 소집하지 않는다. 러다이트는 문학적으로나 역사적 업적으로나 그들의 투쟁의 힘 때문에 크게 보인다. E. P. 톰슨은 급진적인 동감의 행위를 통해 러다이트를 '후손들의 지나친 멸시'로부터 구해내려고 했지만, 그럼에도 불구하고 산업주의에 대한 호전적인 반동은 "무모한 짓이었을지

---

12 "Albion's Dark Satanic Mill," *The Printshop Window* (blog), November 15, 2013, theprintshopwindow.com.

13 Andrew Ure, *Philosophy of Manufactures* (Ann Arbor: University of Michigan Press, [1835] 2007), p. 257.

14 Kirkpatrick Sale, *Rebels against the Future: The Luddites and Their War on the Industrial Revolution* (Boston: Addison-Wesley, 1996), p. 18.

도 모른다. 그러나 그들은 이 격심한 사회적 혼란기를 살아 넘겼으며, 우리는 그러지 못했다"는 것을 인정했다.[15] 나는 러다이트를 우리의 필연적인 현재로 가는 길에 있는 과속 방지 턱에 불과한 것으로 보는 관점이 아니라, 특정한 국면 안에서 그들을 이해하는 톰슨의 능력에 감탄한다.

그러나 우리는 더 나아갈 수 있다. 역사는 형태가 있지만, 그것이 예측되는 것은 아니며, 더구나 즉시 쓸 수 있는 도구와 기술에 의해 예측되는 것도 아니다. 대신, 마르크스가 주장하듯이, 역사의 형태는 역사에 참여했던 사람들의 투쟁에 의해 만들어진다. 러다이트가 궁극적으로 성공하지 못했다는 것 자체는 비난거리가 아니다. 최종적인 성공은 그 사실 이전이나 그 사실이 벌어지는 동안의 행위를 판단하는 형편없는 기준이다. 그리고 내가 보여주고자 하는 바와 같이, 러다이트 운동은 완전히 무의미한 것이 아니었다. 우리의 역사는 러다이트의 역사이기도 하며, 그들의 통찰 – 기술은 정치적이며, 기술은 반대될 수 있고 많은 경우 반대되어야 한다 – 은 현재의 전투적인 운동을 포함한 모든 방식의 전투적인 운동을 통해 이어져 왔다. 심지어 가장 기술 애호적인 오늘날의 급진주의자들 사이에서도 이 전통으로부터 배울 것이 많다.

반드시 말해야 할 것은 러다이트의 기계에 대한 반대는 단순한 기술 공포증이 아니었다는 것이다. 세일이 주목하듯이, 러다이트의 상당수는 복잡한 도구를 다루는 직조공이거나 기타 숙련된 직물공이었다.[16] 그들의 반란은 기계 자체에 대한 것이 아니라, 기계를 주요 무기로 삼아 그들이 확립한 삶의 방식을 위협하는 산업 사회에 대한 것이었다. 그들이 기계와 싸웠다고

---

15 Thompson, *English Working Class*, pp. 12~13. 〔톰슨, 『영국 노동계급의 형성(상)』, 12쪽〕.
16 Sale, *Rebels against the Future*, p. 3.

말하는 것은 권투 선수가 주먹과 싸운다고 말하는 것과 같은 의미이다. 세일이 묘사한 바와 같이, 러다이트의 반란은 결코 단순히 기술에 대한 것이 아니라 "그 기계가 대표하는 것, 즉 그들의 통제를 넘어서는 힘에 굴복해야만 했던 명백한 일상적인 증거에 대한 것이었다".[17]

기계 파괴는 러다이트가 전개한 많은 기법 가운데 하나에 불과했으며, 노동자의 힘을 증가시키기 위한 더 다양한 전략의 일환으로 가장 비타협적인 공장 소유주를 상대로 사용하기 위해 남겨두었던 것이었다.[18] 직조공들은 그들이 생존할 수 있는 생산 단가를 단체로 협상하려고 시도하면서 정부 당국에 시정을 청원하는 가운데 킹 러드를 소환했다. 1812년 "네드 러드의 집무실, 셔우드 포레스트(Sherwood Forest)"라고 서명된 편지가 내무부(Home Office)에 배달되었다. 그 편지는 고분고분한 소유주의 기계는 보호하겠다고 단언한 반면 "노동자에게 현재의 법정 화폐로 지불하지 않은 공장의 모든 기계는 파괴될 것이나"라고 명시했다.[19]

역사학자 에릭 홉스봄(Eric Hobsbawm)은 기계를 파괴한 러다이트의 동기를 재평가하면서 '폭동에 의한 집단 협상'이라고 묘사했다. 홉스봄에 따르면, "이 기법은 고용주에게 압력을 가하는 수단으로서 그리고 노동자의 필수적인 연대를 보장하는 수단으로서 그 가치가 명백했다".[20] 기계 파괴는 많은 무기 가운데 하나였지만, 또한 다른 것을 위한 기법이기도 했다. 그것은 함께하는 공동 투쟁을 구축하는 것이었다. 홉스봄은 이러한 실천이 19세기

---

17 Sale, 같은 책, p. 68.

18 Eric J. Hobsbawm, "The Machine Breakers," *Past and Present*, 1 (February 1952), p. 58.

19 Kevin Binfield, *Writings of the Luddites* (Baltimore: Johns Hopkins University Press, 2015), p. 90.

20 Hobsbawm, 같은 글, p. 60.

초에 완전히 적합했다고 본다. 그는 "사회주의 이전 시대에 노동 계급은 군대가 아니라 군중이었다. 계몽되고, 질서 있고, 관료적인 파업은 불가능했다"라고 쓰고 있다.[21]

여기서 홉스봄은 러다이트의 가장 중요한 요소를 제시하는데, 그의 분석은 그 운동의 비현실적인 결과에서 벗어나 **계급 구성**(class composition)에 대한 강조로 논의의 초점을 바꾼다. 계급 구성의 개념, 즉 계급을 경제적 차원과 정치적 차원에서 동시에 파악하려는 노력은 새로운 기계가 공장에 도입됨에 따라 탈숙련화된 젊은 '대중 노동자들'이 보여준 새로운 형태의 저항을 설명하고자 했던 라니에로 판치에리(Raniero Panzieri), 세르지오 볼로냐(Sergio Bologna), 마리오 트론티(Mario Tronti)와 같은 이탈리아의 이론가에 의해 발전되었다.[22] 그렇다면 계급 구성은 – 단순히 누군가의 직업이나 수입을 보고 그들의 계급을 결정하는 – 기초적인 사회학 교과서에서 접할 수 있는 아이디어인 기존의 경험적 범주로서 계급 개념에 대한 비판이다. 오히려 마르크스주의적인 의미에서 계급은 투쟁 자체를 통해 형성된다. 1970년대의 저널 ≪제로워크(Zerowork)≫ 저자들이 말했듯이, "오래전 마르크스처럼 우리에게 노동 계급은 [단순히] 생산적 기능이 아니라 자본에 대항한 투쟁에 의해 정의된다".[23]

홉스봄의 추정에 따르면, 러다이트의 노동 계급 활동은 기존의 기술적 구성(technical composition)의 측면에서 이해되어야 한다. 사실 노동자들은 아직 훈련된 대중으로 조직되지 않았지만, 대신 그들은 흔히 자신의 도구로 집과

---

21 Hobsbawm, 같은 글, p. 61.
22 Steven Wright, *Storming Heaven*, p. 107 참조.
23 "General Introduction to Zerowork," *Zerowork*, 1 (1975).

작업장에서 일하는 노동자들의 혼합체였다. 물리적으로 분리되어 있고 조직이 확립되어 있지 않았던 이들은 개별화된 계약에 따라 상관들과 관계를 맺는 경우가 많았기 때문에, 이들이 우리가 대중 노동자로 구성된 노동조합과 연관 짓는 종류의 투쟁과 같은 것에 참여하는 것은 불가능했다. 그러나 홉스봄은 더 나아가 러다이트들은 기계 파괴 자체를 통해 연대의 결속을 창조함으로써 **자신들을 하나의 계급으로 구성했다**고 시사한다.

이것은 헤겔주의적인 마르크스의 분석에서 경험적인 '즉자적 계급'이 정치화된 '대자적 계급'으로 탈바꿈한다는 용어 – 마르크스에 의해서는 결코 사용된 적이 없는 용어 – 를 정확하게 사용한 것은 아니다. 역사가 살라르 모한데시(Salar Mohandesi)가 지적하듯이, 톰슨과 같은 저자들은 속류 경제적 환원을 넘어서 계급을 설명하기 위해 이 용어를 사용했지만, 이 용어는 돌발적인 투쟁의 등장에 대해 거의 여지를 남기지 않으며 이러한 투쟁과 개별적인 문화적 삶의 방식을 너무 가깝게 연결시킨다.[24] 대신에 우리는 러다이트의 행위와 다른 기계 파괴를 **정치적 구성**(political composition)**의 실천**으로 생각할 수 있다. 노동자들은 기술적 구성에 따라 조직되고 착취된다. 그러면 그들은 분열을 극복하고 착취와 싸우는 데 필요한 투쟁의 형태를 발전시킨다.

러다이트의 경우, 이들은 주로 그들의 삶의 방식과 공동체의 다른 요소를 보존하기 위해 싸우면서 공장으로 포섭되는 것에 저항하는 독립적인 노동자들이었다. 그들은 대중 노동자들이 할 수 있는 방식으로 자신을 구성할 수 없었으며, 투쟁을 작업장에 한정하지 않았다. 대신에 그 계급은 집합적인 신비적 주체인 킹 러드를 중심으로 스스로 구성했으며, 투쟁을 지속시키

---

24 Salar Mohandesi, "Class Consciousness or Class Composition?," *Science and Society*, 77(1) (January 2013), pp. 79~80.

고 직접 참여자들을 보호하기 위해 비밀주의의 실천과 공동체 범위의 연대를 구축했다. 이러한 실천은 비밀 서약, 기밀성의 유대 – 당국은 러다이트가 동료를 밀고하도록 하기 위해 고군분투했다 – 그리고 노래, 시, 편지를 쓰는 것과 같은 문학적 실천으로 확대되었다. 공장 기계에 대한 조직적인 공격과 파괴는 단발적인 전략이 아니라 바로 투쟁의 조직, 직공들을 하나의 계급으로 묶는 신경 조직이었다.

노동 역사가 피터 라인보(Peter Linebaugh)가 팸플릿 『네드 러드와 마브 여왕(Ned Ludd and Queen Mab)』에서 포착한 것이 바로 이 점이다. 연대의 형태, 계급 구성의 수단으로서 기계 파괴의 정치에 대해 생각하면서, 라인보는 19세기 초의 시원적 축적의 맹공과 관련된 이질적이지만 동시대적인 많은 투쟁을 함께 접합시킨다. 자본주의는 전 지구를 아우르는 일련의 인클로저(enclosure), 즉 삶과 그 삶을 유지하기 위한 수단을 질서화하고 규율하는 파괴적인 과정 위에 세워졌다. 그는 "세계는 포위되었다"고 쓰고 있다. "삶은 폐쇄되고 있었고, 사람들은 갇히고 있었다". [25] "공통성(commonality)에 해로운 기계"에 의해 자신의 숙련된 기술이 폐쇄되는 것에 대항해 싸운 러다이트는 신세계에서 토착민과 노예의 동시적인 반란을 망라해 대양을 가로질러 펼쳐진 면화 상품의 사슬을 따라 발발한 거대한 지구적 투쟁에서 오직 한 전선만을 점령했다. 이러한 반란에서 생산 기술에 대한 공격은 공통된 전술이었다. 반란을 일으킨 크리크(Creek)족은 대농장 경제의 침범을 수반하는 새로운 형태의 무역을 대표하는 타협파 동료의 베틀을 파괴했다. [26] 면

---

25 Peter Linebaugh, *Ned Ludd and Queen Mab: Machine-Breaking, Romanticism, and the Several Commons of 1811-12*, pamphlet (Oakland: PM Press, 2012), p. 10.

26 Linebaugh, 같은 책, p. 24.

화의 원산지인 대농장의 밭에서는 노예들이 도구를 너무나 자주 망가뜨려서 주인들은 "거칠게 다루어도 견딜 수 있기를 바라며 더 무거운 도구를 구입했고", 그로 인해 대농장 경제의 생산성은 감소했다.[27] 라인보가 주장하듯이, "미국의 대농장에서 일하는 노동자에 의한 농장 기구의 파괴는 러다이트 운동 이야기에 속한다. 그것은 단지 그들도 도구 파괴자였기 때문만이 아니라 대서양의 섬유 노동력 재편의 일부였기 때문이었다".[28] 그는 공동의 적에 맞서 싸우는 이러한 동맹 투쟁에는 공동 노력의 싹이 있었다고 시사한다.

마르크스와 러다이트

러다이트의 유산을 복원하는 것은 현대의 역사 기록학에서 중요한 부분일 수 있으나, 그것이 자본주의에 대항하는 투쟁을 위해 어떤 관련성이 있는가? 여기서 우리는 자본주의의 가장 위대한 분석가이자 비평가인 마르크스와 19세기 동안 생산의 중대한 기술적 변화를 겪으며 살아온 다른 급진적인 저술가에게 눈을 돌려야 한다.

기계 파괴는 많은 19세기 부르주아 목격자를 당황케 하고 좌절시켰다. 1835년 저작『제조의 철학(*Philosophy of Manufactures*)』으로 마르크스에게 공장 기계에 대한 많은 지식을 제공했던 앤드루 유어(Andrew Ure)는 "특히 방적공들은 편견과 격정에 눈이 멀어서" 양말 짜는 기계로 인한 국가의 엄청난 경제 발전을 볼 수 없었다고 단언했다.[29] 마르크스의 사상에 영향을 준

---

27 Eugene D. Genovese, *The Political Economy of Slavery* (Middletown: Wesleyan University Press, 1989), p. 55.

28 Linebaugh, *Ned Ludd*, p. 23.

29 Ure, *Philosophy of Manufactures*, p. 280.

또 다른 인물인 정치 경제학자 데이비드 리카도(David Ricardo)는 나중에 "인간 노동을 기계로 대체하는 것은 노동자의 계급 이익에 매우 해롭다"는 것을 인정할 수밖에 없었지만, 처음에는 기계의 도입이 공익이라고 주장했다.[30]

그러나 마르크스는 기술에 대해 뭐라고 말했는가? 마르크스주의 사상과 정치의 역사는 이 질문에 대한 논쟁으로 가득 차 있다. 마르크스가 쓴 글의 화려함과 변증법적 설명의 어려움은 마르크스주의 기술 이론들에 많은 모호성을 낳았으며, 그의 글이 급진적 탐구를 위한 광범위한 의제를 설정하기보다는 교리적인 복음으로 받아들여져 온 방식에 의해 더욱 복잡해졌다. 전체적으로 볼 때, 기술에 대한 마르크스의 글에서 뚜렷한 양면성을 쉽게 발견할 수 있다.

기술 친화적인 마르크스에 대한 증거가 있다. 그 노인은 확실히 기술에 매료되었고, 기술에 대해 저술하고 광범위하게 연구했으며, 연구의 일부로서 새로운 발명들을 스케치했다. 때때로 기술에 대한 열정은 부르주아지에 대한 내키지 않는 감탄의 표현으로 여겨졌으며, 종종 자본주의가 사회주의로 가는 길에 필수적인 단계라는 더 큰 주장과 접합되었다. 결국 1848년 혁명의 해에 쓰인 『공산당 선언(Communist Manifesto)』은 다음과 같이 선언한다.

> 부르주아적 생산관계, 부르주아적 교환 관계, 부르주아적 소유관계, 즉 그토록 거대한 생산 수단과 교환 수단을 마법을 써서 불러냈던 근대 부르주아 사회는, 자신의 주문으로 불러냈던 저승의 힘을 더 이상 감당할 수 없게 된 마법사와 같다.[31]

---

30 David Ricardo, *On the Principles of Political Economy and Taxation* (London: John Murray, 1817).

사실, 마르크스는 근대의 생산력을 "부르주아지가 봉건주의를 타도할 때 쓴 무기", 그리고 프롤레타리아가 휘두르면 "부르주아지 자신에게 겨눠질" 무기라고 언급한다. 이것은 마르크스가 부르주아지에 의해 발전된 기술이 노동자에 의해 통제되면 미래 사회주의를 위한 토대가 될 수 있다고 믿었음을 시사하는 것으로 보인다.

후기 저작에서 마르크스는 사회적 생산관계(인간이 계급적 적대를 통해 서로 관계 맺는 방식)와 기술적 생산관계(인간이 기계와 관계 맺는 방식)를 구분한다. 많은 이들은 마르크스가 이러한 구분을 통해 자본주의의 심장에 있는 착취적 계급 체계로부터 기술을 제외시켰으며, 따라서 사회주의 사회는 승리한 노동 계급이 온전한 자본주의 생산 체계의 역할을 인수함으로 이루어질 것이라고 시사했다고 가정했다. 『정치 경제학 비판(A Contribution to the Critique of Political Economy)』의 서문에서 가져온 마르크스의 가장 기술 결정론적 구절은 훨씬 더 나아가는 것으로 보인다. 여기서 그는 착취적인 계급 체계가 실제로는 기술 발전을 **방해해** 혁명을 촉발할 것이라고 시사한다.

> 사회의 물질적 생산력은 그 발전의 특정 단계에서 기존의 생산관계 또는 ─ 단지 이 생산관계의 법률적 표현일 뿐인 ─ 지금까지 그 생산력이 작동해 왔던 틀 내의 소유관계와 모순에 빠진다. 이러한 관계들은 생산력의 발전 형태로부터 생산력의 족쇄로 변한다. 그러면 사회 혁명의 시기가 도래한다.[32]

---

31 Karl Marx and Friedrich Engels, *The Communist Manifesto* (London: Workers' Educational Association, 1848).

32 Karl Marx, *A Contribution to the Critique of Political Economy* (Moscow: Progress Publishers, (1859) 1967).

하지만 사회학자 도널드 매켄지(Donald MacKenzie)가 지적하듯이, 이 구절을 기술 결정론적으로 해석하기 위해서는 마르크스가 사용하는 '생산력'이 인간 노동력을 포함하는 것이 아니라 '기술'과 동등하다는 잘못된 가정이 필요하다.[33]

그러나 많은 마르크스의 독자들이 '생산력'을 기술과 동등한 것으로 해석했지만, 매켄지는 인간의 숙련 기술, 능력, 테크닉, 가장 중요하게 의식적인 적용을 포함해, 인간 노동력도 생산력이라고 지적한다. 생산력을 기술과 사람의 **어셈블리지**로서 올바르게 이해한다면, 족쇄가 채워지는 것은 기술 발전 자체가 아니라 노동자와 기계 사이의 관계(노동자는 이 관계 안에서 의식적인 행위성을 가진다)이다.

매켄지가 올바르게 언급하듯이, '서문'은 기술에 대해 가장 발전된 마르크스의 견해가 아니다. 다른 여러 비평가, 특히 안토니오 네그리(Antonio Negri)와 카를로 베르첼로네(Carlo Vercellone)와 같은 후기 노동자주의(post-operaismo)와 관련된 기술 친화적인 저술가들은 대신에 마르크스가 『자본론(Capital)』을 쓰기 위해 준비하며 작업했던 초고인 『정치 경제학 비판 요강(Grundrisse)』으로부터 이른바 '기계에 대한 소고'를 거론한다. '소고'에서 마르크스는 완전 자동화된 생산, 즉 '자동 기계 시스템'의 미래에 대한 개요를 제시하는 것으로 보인다.[34] 그것은 아마도 어쩌면 '일반 지성'에 의해 추동되는 '완전히 자동화된 화려한 공산주의', 즉 디지털 인터넷 네트워크의 예견이라고 할 수 있는 축적된 기술 지식의 어셈블리지일 것이다. 마르크스에 따르면, 생

---

33 Donald MacKenzie, "Marx and the Machine," *Technology and Culture*, 25(3) (July 1984), pp. 476~478.

34 Karl Marx, *Grundrisse* (New York: Penguin, (1939) 2005), p. 693.

산력의 발전은 "노동자를 대신해서 숙련과 힘을 가지는 기계는 그 자체로 명인(virtuoso)"이 되는 수준까지 도달한다.[35] 이러한 배치 속에 노동자는 "원 재료에 대한 기계의 노동과 기계의 작용을 매개하고, 기계의 작업을 감독하고 기계 고장을 방지할 뿐이다".[36]

1980년대와 1990년대의 경제적 구조 조정 동안, 그 '소고'는 이탈리아 사회학자 마우리치오 라차라토(Maurizio Lazzarato)가 '비물질적 노동자' – 단순히 기계를 조작하기보다는 기계를 조정하고, 기계와 소통하고, 기계를 창조하는 사람들 – 라고 불렀던 지식 경제를 점점 더 예견하는 것처럼 보였다.[37] 인간은 새로운 솜씨와 능력을 습득하기 위해 스스로 교육하면서 창조성과 협력에 초점을 맞추는 반면, 기계는 물리적 생산을 담당한다. 네그리와 동료 마이클 하트(Michael Hardt)에 따르면, 이 비물질적 노동이 가지는 자기 가치화하고 자기 조직화하는 특성은 평등주의적인 미래를 암시한다. "따라서 비물질적 노동은 일종의 자생직이고 소보석인 공산주의를 위한 잠재력을 제공하는 것 같다."[38] 마찬가지로 폴 메이슨(Paul Mason)과 아론 바스타니(Aaron Bastani)와 같은 현대의 가속주의자들은 이 구절을 미래 유토피아에 대한 전조라고 계속 언급하고 있다.[39]

---

35   Marx, 같은 책.

36   Marx, 같은 책, p. 694.

37   Maurizio Lazzarato, "Immaterial Labor" in *Radical Thought in Italy: A Potential Politics*, ed. Paolo Virno and Michael Hardt (Minneapolis, MN: University of Minnesota Press, 1996), pp. 133~150.

38   Michael Hardt and Antonio Negri, *Empire* (Cambridge, MA: Harvard University Press, 2000), p. 294. 〔네그리·하트, 『제국』, 윤수종 옮김(서울: 이학사, 2001), 387쪽〕.

39   Paul Mason, *Postcapitalism: A Guide to Our Future* (New York: Macmillan, 2016); Aaron Bastani, "What Would a Populist Corbyn Look Like?," *Open Democracy*, December 22, 2016, opendemocracy.net. 메이슨에 대한 폭넓은 비판을 위해서는 다음을 참조. Frederick

그러나 『정치 경제학 비판 요강』의 이 부분에 대해 그렇게 초점을 두는 것은 출판된 저작인 『자본론』에 포함된 마르크스의 개념들의 주요한 발전을 소홀히 하는 것이다. 마르크스가 아직 그의 개념들을 다듬지 않았다고 지적하는 미하엘 하인리히(Michael Heinrich)의 권고를 따라,[40] 마르크스가 이러한 질문으로 되돌아가서 기계와 노동자의 중첩을 보다 충분히 다루는 『자본론』의 부분을 살펴보자. 15장에서 마르크스는 기계에 대한 다른 이론을 생각해 냈다. 다시 기계는 무기로 등장하지만, 다른 유형의 무기이다.

기계는 자본의 독재를 반대하는 노동 계급의 주기적 반항인 파업을 진압하기 위한 가장 유력한 무기이다. … 노동 계급의 반항을 진압하는 무기를 자본에게 제공한다는 유일한 목적에서 출현한 1830년 이래의 발명들에 대해 전체 역사를 쓰는 것이 가능할 것이다.[41]

그러나 기술에 대해 가장 발전된 마르크스의 글은 "직접적인 생산의 결과"라고 불리는 출판되지 않은 『자본론』의 한 장에서 나온 것으로, 마르크스가 1권의 결론으로 삼고자 했던 장이다.[42] 여기서 마르크스는 생산 과정에 연관된 기술에 대한 함의를 가지고 자본이 생산 과정을 통제하는 두 가

H. Pitts, "Review of Paul Mason — *Postcapitalism: A Guide to Our Future*," *Marx and Philosophy Review of Books*, September 4, 2015, marxandphilosophy.org.uk.

40 Michael Heinrich, "The 'Fragment on Machines': A Marxian Misconception in the Grundrisse and its Overcoming in Capital," in *In Marx's Laboratory: Critical Interpretations of the Grundrisse*, eds. Riccardo Bellofiore, Guido Starosta and Peter D. Thomas (Chicago: Haymarket, 2014).

41 Marx and Engels, *Capital*, pp. 562~563.

42 『자본론』의 펭귄(Penguin) 출판사 판본에는 부록으로 수록되어 있다.

지 방식을 대조한다. 첫 번째 '형식적' 포섭은 "생산자가 자영이든 아니면 직접 생산자가 타인을 위해 잉여 노동을 공여해야 하든, 과거 생산 양식의 기초 위에서 형식적으로만 구별된다".[43] 형식적 포섭 속에서 러다이트 반란을 일으켰던 직공들과 같은 독립적인 숙련 노동자는 생산 수단을 소유하고 있는 자본가를 위해 일한다. 그러나 노동 과정에 대한 통제는 노동자가 도구를 소유했을 때 그러했던 것처럼 노동자에게 위임된다. 마르크스는 "기술적으로 말해서, 노동 과정은 과거와 똑같이 진행되고, 다만 지금은 자본에 예속된 노동 과정으로서 진행될 뿐이다"라고 쓴다.[44]

두 번째 형태인 '실질적' 포섭 아래서 자본은 기계와 다른 기술을 도입함으로써 노동 과정 자체를 재구성한다. "완전한 혁명은 생산 양식 자체에서, 노동자의 생산성에서, 그리고 노동자와 자본가 사이의 관계에서 일어난다."[45] 여기서 마르크스는 **노동 과정 자체가 가치 증식 과정의 도구에 지나지 않는다**"고 묘사한다. 다른 말로 해서, 노동의 실천과 기술은 재화의 유용성과 어떠한 필연적인 관계도 없이, '생산 수단에 불과한' 노동자의 삶의 질에 어떠한 '향상'도 없이, 이윤을 위한 교환 가치의 생산에 중점을 둔다.[46] 사회학자 니컬러스 소번(Nicholas Thoburn)이 말하듯이, 기술은 "가치를 추출하는 특수한 형식을 공고하게 하는 수단이다. 생산력은 생산력에 내재하는 자본주의적 관계를 갖고 있다".[47] 마르크스는 실질적 포섭의 더 파괴적인 측면을 나열한다. 그것은 '생산을 위한 생산', 과잉 생산, 기존의 생산에 불필요한 잉

43 Marx and Engels, 같은 책, p. 1025.
44 Marx and Engels, 같은 책, p. 1026.
45 Marx and Engels, 같은 책, p. 1035.
46 Marx and Engels, 같은 책, p. 990.
47 Nicholas Thoburn, *Deleuze, Marx, and Politics* (London: Routledge, 2003), p. 78.

여 인구의 창출 등이다.[48]

때때로 마르크스는 형식적 포섭은 실질적 포섭에 앞서는 역사적 단계라고 암시하는 것처럼 보인다. 이것은 어떠한 종류의 마르크스주의 정치도 주의를 기울여야 하는 생산 기술에 일종의 텔로스(telos)가 있다는 것을 의미할 것이다. 그러나 마르크스와 역사를 모두 세밀하게 읽으면 생산에는 하나에서 다른 하나로의 필연적인 이행이 없다는 것을 알게 된다. 공산주의 이론 모임 '엔드노트(Endnotes)'의 요약에 따르면, "만약 포섭의 범주가 역사에 적용될 수 있다면, 오로지 '비선형적인' 방식으로만 적용될 수 있다. 포섭의 범주는 계급 관계의 역사적 발전에 지나치게 단순화하거나 일방향적으로 적용할 수 없다".[49] 철학자 패트릭 머리(Patrick Murray)는 "마르크스는 단순히 형식적인 포섭이라는 분명한 역사적 단계의 가능성을 고려하지만, 그 증거는 발견하지 못한다"고 주장한다.[50] 대신에 마르크스가 형식적 포섭에 대해 언급하듯이, "그것은 동시에 발전된, 고유하게 자본주의적인 생산 양식과 병존하는 하나의 특수한 형태이다".[51] 인도 구자라트(Gujarat)의 공식 및 비공식 경제 부문의 상호 침투에 관한 얀 브레만(Jan Breman)의 문화 기술지 연구가 대표적인 예이다. 실리콘 밸리의 첨단 기술이 원시적인 도구를 사용하는 어린이가 '장인 방식으로' 채광하는 희토류 금속으로 만들어지듯이, 구자라트의 실질적으로 포섭된 공장과 제작소 들은 벽돌 및 원재료와 같은 생산

48 Marx and Engels, 같은 책, pp. 1037, 1035.

49 "A History of Subsumption," *Endnotes*, 2 (2010), p. 131.

50 Patrick Murray, "The Social and Material Transformation of Production by Capital: Formal and Real Subsumption in Capital, Volume I," in *The Constitution of Capital*, eds. Riccardo Bellafiore and Nicola Taylor (New York: Palgrave Macmillan, 2004), p. 252.

51 Marx and Engels, 같은 책, p. 1019.

필요 자원을 위한 비공식 부문에 의존한다.[52]

형식적 및 실질적 포섭을 자본주의 발전의 연속적인 '단계'로 보는 목적론적 관점은 자본주의 발전이 불가피하게 실질적 포섭을 향하고 그에 따라 탈숙련 및 자동화를 향하는 경향이 있으며, 어떠한 종류의 공산주의도 완전히 자동화된 형태일 것이라고 가정한다. 따라서 그것은 마르크스의 성숙한 저작이 지지하지 않는 탈노동의 미래를 마르크스에게 강요한다. 사실, 기계화를 불가피하고 궁극적으로 바람직한 것으로 여겼던 이는 마르크스의 정치적 및 지적 경쟁 상대인 피에르 조제프 프루동(Pierre-Joseph Proudhon)이었다. 그는 노동자에게 "운명의 가르침에 더 주의를 기울일 것"을 촉구하면서, 자본주의적 기술의 즉각적인 효과는 재앙적이겠지만, 결국에 그 기술은 더 많은 생산성과 풍요로 이끌 것이라고 주장했다. "우리의 자유의 담보는 우리의 천벌의 진행에 있다."[53]

마르크스는 러디이트 빈린의 '조악한 형태'에 대해 약간 성멸적인 발언을 한다. "노동자가 기계와 자본에 의한 기계의 사용을 구별하고, 이에 따라 물질적 생산 수단 자체를 공격하는 것에서 그것을 이용하는 사회 형태를 공격하는 것으로 옮길 줄 알게 되기까지는 시간과 경험이 필요했다."[54] 그러나

---

52 Jan Breman, *Footloose Labour: Working in India's Informal Economy* (Cambridge, UK: Cambridge University Press, 1996). 장인 방식 채광에 대해서는 다음 사례를 참조. "Interconnected Supply Chains: A Comprehensive Look at Due Diligence Challenges and Opportunities Sourcing Cobalt and Copper from the Democratic Republic of the Congo," OECD Working Paper (Paris: OECD, 2019).

53 Karl Marx, *The Poverty of Philosophy* (New York: International Publishers, (1847) 1992), p. 209. (피에르 조제프 프루동, 『경제적 모순들의 체계 혹은 곤궁의 철학』, 이승무 옮김 (서울: 지식을 만드는 지식, 2018), 295쪽).

54 Marx and Engels, *Capital*, pp. 554~555.

마르크스 자신의 급진적 실천에 대한 관점의 초석 중 하나이며 그의 생애에 걸쳐 미래의 평등주의적인 사회에 대한 계획적이고 전술적인 주장을 하기 꺼리게 만든 것은, 공산주의는 "조성되어야 할 하나의 상태 또는 현실이 따라야 할 하나의 이상이 아니다"라는 그의 확신이었다. 도리어 공산주의는 "오늘날의 상태를 지양하는 현실적인 운동"이다.[55] 우리가 지금 이 순간에 고수해야 하는 것은, 미래 사회의 설계자로서도 아니고 심지어 사회주의에 필요한 근거를 마련한 이론가로서도 아닌, 프롤레타리아 투쟁의 지도를 그린 사람으로서 마르크스의 관점이다. 기계에 대항한 투쟁은 기계를 사용하는 사회에 대항하는 투쟁**이었으며**, 더욱이 이러한 투쟁은 노동 계급 구성에 많은 중요한 영향을 미쳤다. 우리의 미래 기술 사회를 주시하면서, 다른 무엇보다도 마르크스에게 중요했던 한 가지에서 뽑아낸 것이 있다. 그것은 사람들이 자본주의에 대항해 어떤 종류의 투쟁을 하고 있었는지 그리고 이러한 투쟁이 우리에게 물려준 지식과 경험은 무엇인가 하는 점이다.

한 가지 예를 들겠다. 역사가 미셸 페로(Michelle Perrot)는 프랑스에서 일어난 산업화에 대한 다양한 저항을 기록한다. 여기서는 직조 투쟁이 마르크스의 연구 조사 장소였던 영국과는 다르게 진행되었다. 페로는 태업, 결근, 사보타주를 포함하는 노동 과정 기계화에 대한 반대가 '생산주의적' 사회 비전과 그 노동 윤리에 대한 저항의 중요한 요소였다고 주장한다. 노동자들은 기계화를 노역의 연장으로서 그리고 기계화를 가치 있게 만든 전체 세계관의 강요로서 직면했다. 그 이후로 이러한 저항의 유산은 프랑스 문화에 흔적을 남겼다. 그녀는 "항상 게으름을 찬양할 준비가 되어 있는 프랑스 대중

---

55 Karl Marx and Friedrich Engels, *The German Ideology* (New York: International Publishers, (1932) 1970).

은 고용주와 경제학자 모두가 개탄해 왔던 유희와 낭비의 맛을 보았다"고 쓴소리를 한다.[56]

페로에 따르면, 노동자들은 일반적으로 그들의 노동 과정에 맞는 새로운 면방적 기술의 요소를 채택했기 때문에 기계화에 대한 직조공의 반대는 산업화에 대한 완전한 반대는 아니었다. 예를 들어, 영국의 직조공들은 주인이 생산성을 정확하게 측정해 노동자의 성과 임금을 보장하는 장치인 '선반(rack)'을 제공하기를 거부했다고 불평했다. 노동자들이 격렬하게 반대했던 것은 "생산 필요에 따라 활동 속도를 조절해" 노동자가 작업 시간과 작업 강도를 통제할 수 있었던 소규모 재택 생산에서 가졌던 자율성을 훼손함으로써 그들의 삶의 방식을 파괴한 '산업 집중'이었다.[57]

놀랍게도, 프랑스에서 기계화에 대한 광범위한 대중적 저항은 한동안 성공적이었다. 비록 자본가들은 완전히 패배를 인정하지 않았으며 궁극적으로는 일련의 경제 위기가 직조공을 무력화시킨 후 공장을 세우는 데 승리를 했지만, 공장은 파산했고 재택 생산이 지배적이었다. 양털 깎기와 같은 다른 산업은 국가의 보조를 받아야만 기계화할 수 있었다. 페로는 마르크스가 서술한 것처럼 기술의 도입이 투쟁의 무기였음을 상기시킨다. "기계화는 단지 기술적 또는 경제적 필요성 때문만이 아니라 권위의 갈등 때문에 일어났다."[58] 이러한 견고한 저항은 가정 및 이웃의 재생산 활동과 재화 생산을 분

56 Michelle Perrot, "On the Formation of the French Working Class," in *Working-Class Formation: Nineteenth-Century Patterns in Western Europe and the United States,* eds. Ira Katznelson and Aristide R. Zolberg (Princeton: Princeton University Press, 1987), pp. 72~73.
57 Perrot, 같은 글, p. 74.
58 Perrot, 같은 글, p. 82.

리하지 않는 작업 방식에 뿌리를 두고 있었기 때문에, 공동 주택의 등장부터 가로등까지 일상의 모든 재편을 적개심으로 맞이했다. 노동자들은 파업에 들어갔고 (또는 그저 출근하지 않았고), 잦은 휴식을 취하기도 했으며, 심지어 근무 중에 취해 있기도 했다. 저녁 식사 시간이 30분으로 줄어들자 울므(Houlme)의 전체 공동체가 폭동을 일으켰다. 경찰은 직물 노동자를 공장에서 더 가까운 '근대적인' 숙소로 강제로 옮기라는 요구를 받았다. 시위는 샤리바리(charivari)와 같은 공동체 의례를 포함했는데, 당국을 모욕하는 형상을 들고 마을을 지나며 행진하고 불태웠다.[59] 따라서 자본주의에 대항한 투쟁은 작업장에서의 싸움일 뿐만 아니라 일상생활에서 기술의 정치화로 넘쳐흘렀다. 이를테면, "1848년 파리(Paris)의 폭도는 경찰의 눈을 상징하는 가로등의 기둥을 파괴했다".[60]

마르크스주의-모리스주의

우리는 영국의 디자이너이자 사회주의자인 윌리엄 모리스(William Morris)의 글에서 노동의 해방보다는 노역의 도구로서 기계에 반대한 프랑스 장인들의 울림을 발견할 수 있다. 시인 클라이브 윌머(Clive Wilmer)가 말하듯이, 모리스는 "자본주의 아래에서 기계는 주로 생산을 증가시키기 위해 사용되었고, 그럼으로써 노동자의 노역을 증가시켰다"고 믿었다.[61] 사회는 값싼 물건을 무한정 대량 생산하기보다 재화의 질에 초점을 맞춰야 하며, 이는 작

---

59 Perrot, 같은 글, pp. 82~89.

60 Perrot, 같은 글, p. 85.

61 Clive Wilmer, "Introduction," in William Morris, *News from Nowhere and Other Writings* (New York: Penguin, [1890] 1994), p. xxii.

업량을 줄일 뿐만 아니라 노동 자체를 더 즐겁게 만들었을 것이다. 모리스는 노동 시간을 줄이기 위한 기계의 사용을 선호했지만, 그의 사회주의 이상은 마찬가지로 질적으로 훌륭했다. 그 이상은 그가 "가치가 있는 일"이라고 불렀던 것, 즉 "휴식하는 즐거움에 대한 희망, 일해서 생산한 것을 사용하는 즐거움에 대한 희망, 그리고 매일 창조적 기술을 행사하며 느끼는 즐거움에 대한 희망이 있는" 일로 이루어져 있다.[62]

따라서 모리스는 노동 시간 단축의 형태로 여가와 휴식의 증대를 주창했던 당시의 많은 사회주의자와 달랐다. 그가 보기에 이것은 불충분했다. 모리스가 노동 그 자체를 위해 노동을 소중히 여겼던 프로테스탄트 노동 윤리에 동의한 것은 아니었다. 오히려 모리스의 입장은, 자유의 영역은 필요의 영역이 끝나는 곳에서 시작되며 필요는 "일이 삶의 즐거움의 한 부분을 이루지 못한다면", 즉 우리가 우리의 일에서 보람을 느끼지 못한다면 "완전히 정복되지 않을 것"[63]이라는 마르크스의 격언에 대한 이해에 뿌리를 두고 있다. 이 '매력적인 일'의 근본적인 요소는 노동자가 "삶의 모든 세세한 것에 즐거운 흥미를 가질 수 있도록" 자신의 기술을 발전시키는 데 달려 있다.[64] 그러나 그러한 매력적인 일은 기계에 대한 극적인 재고를 요구할 것이다.

모리스에 따르면, 산업 시스템은 풍요를 생산한 것이 아니라 단지 이윤을 위해 존재했으며, 그는 실제로 포섭된 생산 과정이 "인간의 삶에서 이윤을 뽑아낼 필요와 생산하는 노예가 사용할(그래서 더욱더 거기에 매이게 할) 값싼 물건을 생산할 필요"에 돌이킬 수 없게 결부되어 있음을 인식했다.[65] 자본주

62　Wilmer, 같은 글, p. 289.
63　Wilmer, 같은 글, p. 295.
64　Wilmer, 같은 글, p. 296.
65　Wilmer, 같은 글, p. 302.

의는 이런 종류의 생산을 요구했지만, 사회주의는 그렇지 않았다. 더욱이 공장 시스템은 새로운 사회에서 당연한 것으로 전제되지 않았으며, 대신 노동을 조직하는 모든 다른 요소와 함께 의문을 가질 필요가 있었다. 이윤과 경쟁의 필요가 없는 많은 기계는 삶과 즐거운 일의 파괴자였으며, 이것은 러다이트의 투쟁과 같은 이전의 투쟁들이 인식했던 바이다.

> 그 기계는 '노동력 절감' 기계라고 불린다. 흔히 쓰이는 그 표현은 우리가 기대하는 바로 그것을 의미한다. 하지만 우리는 기대한 바를 이루지 못하고 있다. 실상 그 기계는 숙련 노동자를 비숙련 노동자의 지위로 떨어뜨리고 '산업예비군'의 수를 늘리고 있다. 즉, 노동자 삶의 불안정성을 높이고 (노예가 주인을 섬기듯이) 기계를 섬기는 노동자의 노동 강도를 강화한다.[66]

모리스는 일단 일에 대한 강박이 사라지면 이 기계 가운데 많은 것이 더이상 필요하지 않을 것이라고 믿었다. 궁극적으로, 어떤 형태의 기술이 구성원의 보람 있는 삶을 가장 잘 조성하는지 결정하는 공동체에 달려 있을 것이다.

사회주의를 일과 사회의 질적인 재구성으로 보는 ― 단순히 기존의 일과 재화를 더 공평하게 재분배하기보다는 사회관계를 위에서 아래까지 재개념화하는 ― 모리스의 정의는 그를 당시의 또 다른 유토피아 사상가인 에드워드 벨러미(Edward Bellamy)와 정반대의 위치에 놓이게 했다. 오늘날의 탈노동의 화려한 공산주의에 관한 많은 글을 예견한 원형 과학 소설 『뒤를 돌아보면서(Looking Backward)』를 쓴 벨러미는 기존 사회의 이윤 동기의 제거와 재화의

---

66 Wilmer, 같은 글, p. 304.

재분배에서 비롯되는 풍요롭고 질서 정연한 세계를 상상했으며, 그것이 생산 기반을 온전하게 유지할 것이라고 믿었다. 모리스는『뒤를 돌아보면서』서평에서 사회주의가 단순히 모더니티의 좋은 부분은 온전하게 취하면서 나쁜 부분은 제거할 수 있다고 여기는 극단적으로 단순하고 변증법적이지 않은 벨러미의 믿음을 인지했다. 그것은 "독점 계급과 공모한 범죄로부터 정화된 오늘날의 부지런한 **전문직** 중간 계급의 관점에" 뿌리를 둔 벨러미의 관점을 드러낸 '반쪽짜리 변화'에 해당했다.[67]

벨러미의 유토피아는 부르주아 사회주의가 마르크스에게 타격을 준 것과 같은 방식으로 모리스에게 타격을 주었다.『공산당 선언』에서 마르크스는 중간 계급의 개혁적 사회주의에 의해 완성된 '거의 완전한 체계'를 투쟁의 필연성을 무시하는 잘못된 절반의 변화로 묘사했다. "사회주의적인 부르주아들은 필연적으로 야기되는 투쟁과 위험이 없는 근대적인 사회 조건의 모든 성심을 원한다. 그들은 혁명을 일으키고 와해시키는 요소를 세거한 현존 사회를 원한다. 그들은 프롤레타리아가 없는 부르주아지를 원한다."[68]

최악의 경우, 이러한 부르주아 사회주의는 프롤레타리아가 경제 성장과 발전에 대한 믿음, 즉 "단지 정치적 개혁이 아니라 물질적 존재 조건과 경제적 관계의 변화만이 그들에게 이로움을 줄 수 있다"는 믿음을 위해 정치적 투쟁은 멈춰야 한다고 주장한다. 대신 정치적 개혁을 추진하기 위해 전투적인 투쟁을 포기하는 것은 이러한 사회주의가 "자본과 노동의 관계는 조금도 변화시키지 않으면서 기껏해야 부르주아지의 지배 비용을 감소시키고 행정 작업을 간소화시킬 뿐"임을 의미할 것이다.[69] 또는 모리스가 벨러미에 대해

---

67 Wilmer, 같은 글, p. 354.
68 Marx and Engels, *The Communist Manifesto*.

말했듯이, "그는 사회주의로의 변화가 [근대적] 삶의 어떠한 붕괴나 진정한 방해도 없이 일어나는 것으로 생각한다".[70]

자신의 정치를 묘사하기 위해 마르크스의 이름을 사용하는 이라면 누구든지 마르크스주의는 투쟁의 이론이라는 것을 고려해야만 한다. 마르크스의 자본주의 비판의 목적은 경제를 관리하기 위한 일련의 지침을 제공하는 것이 아니라 사회적 투쟁이 일어날 가능성이 있는 장소인 모순과 균열을 발견하는 것이었다. 기술은 이러한 투쟁의 중요한 장소이다. 기술에 대한 전투적인 적대는 역사적 사실일 뿐만 아니라 보다 해방적인 노동과 기술의 정치를 제시할 수 있다. 오늘날의 탈노동 유토피아보다 마르크스의 저작이 틀림없이 이를 더 뒷받침한다.

결코 실현되지 않을 노동 없는 세상을 상상하는 대신에, 우리는 역사적 투쟁이 노동과 해방의 대안적 관계를 상정했던 길을 탐구해야 한다. 그 길은 노동 과정에 대한 통제가 다른 사회 과정에 대한 더 큰 통제로 이어지는 곳이며, 노동의 종말이 추상적 생산성이 아니라 인간을 풍요롭게 하는 곳이다. 게다가 이러한 투쟁은 자본주의로부터의 해방을 위한 유일한 수단, 즉 기술적인 것을 포함한 모든 다양한 지배에서 자본을 공격하는 전투적인 투쟁 계급의 구성을 가리키고 있다.

다음 장에서는 노동조합과 노동당을 포함한 20세기에 조직된 노동자 운동의 입장에서 기술을 다룬 방법을 살펴본다. 그들의 견해는 대개 탈노동 유토피아주의자와 대체로 일치한다. 즉, 기술은 정치적으로 중립적이며 심지어 유익할 수 있다는 것이다. 따라서 이 비참한 전략적 결정에 대해 적절

---

69 Marx and Engels, 같은 책.

70 Morris, *News from Nowhere*, p. 355.

한 사후 평가를 제공하려면, 그들 중에서 자본주의 기술에 계속 의문을 제기하고 노동자들의 반기계 투쟁을 중시하는 이단적인 마르크스주의의 변종들을 더 많이 참조해야 한다.

2
수리공, 테일러, 군인, 워블리

1911년 8월 11일 미국 최대의 군수 공장 가운데 하나인 매사추세츠주 워터타운(Watertown, Massachusetts) 병기창에서 주형공들이 갑자기 작업을 중단했다. 그 행동은 자발적이고, 노조 지부의 승인을 받지 않았으며, 간단한 기술 작품인 스톱워치에 의해 촉발되었다.[1]

무서운 '테일러 시스템'이 워터타운에 들이닥쳤다. 비용 절감 압력 아래 육군 조례부의 수장이었던 윌리엄 크로지어(William Crozier) 장군은 기업 대표 사이에서 산업 생산성을 향상시키는 것으로 널리 알려진 성질 나쁘고 광신적인 엔지니어 프레더릭 테일러(Frederick Taylor)가 발전시킨 최신의 '과학적 관리' 기법을 채택하기로 결정했다.[2] 테일러와 그의 팀은 작업 과정의 모든 측면에서 '하나뿐인 최선의 방법'을 결정함으로써 제조를 보다 효율적이고 생산적으로 만드는 합리화를 약속했다. 작업자는 어떤 도구를 사용해야

---

1   Hugh G. J. Aitken, *Taylorism at Watertown Arsenal: Scientific Management in Action 1908-1915* (Cambridge, MA: Harvard University Press, 1960), pp. 8~9.

2   Aitken, 같은 책, p. 50.

하는지, 얼마나 빨리 사용해야 하는지, 여러 작업 장소까지 얼마나 멀리 걸어야 하는지, 심지어 어떤 자세를 취해야 하는지에 대한 상세한 지침을 따라야 한다. 그러나 그러한 명령이 개발되기 전에 테일러주의자는 노동 과정을 깊이 연구해야 했다. 이것이 바로 그 악명 높은 스톱워치가 등장하는 지점이다. 과학적 관리자는 각 작업자의 모든 움직임의 시간을 재고, 작업을 일단의 개별 과업으로 분해했다. 그러고 나서 작업자에게 속도를 높이라고 요구했다.

전기 작가 로버트 카니겔(Robert Kanigel)은 다음과 같이 기술한다.

이전에 노동자는 각각의 기관차 바퀴를 어떤 크기로 만듦에 따라 일정한 금액을 벌었다. 그러나 테일러를 거쳤을 때, 일은 더 이상 기계로 바퀴를 만드는 것이 아니라 일련의 작은 작업의 연속이었다. 바퀴를 돌릴 수 있게 기계에 걸기, 표면 전단 애벌 깎기, 표면 전단 마무리 깎기, 애벌 구멍 뚫기, 기타 능능. 각 단계는 정밀하게 묘사되고, 10분의 1분 단위까지 시간이 측정되었다.[3]

한 주형공이 시간 맞추기를 거부하면 즉석에서 해고되었다. 이미 일주일간의 과학적 관리로 벼랑 끝에 몰린 동료들은 연대 파업을 했다. 그것은 결국에는 미국 의회 의사당에까지 미칠 갈등의 시작이었다.

테일러는 그의 방식에 대한 노동자들의 완강한 저항에 직면하는 것이 낯설지 않았다. 사실, 그는 그들의 증오를 실질적으로 환영했다. 부유한 필라델피아(Philadelphia) 변호사의 아들로 태어난 테일러는 하버드 대학교에 다

---

3 Robert Kanigel, "Taylor-Made: How the World's First Efficiency Expert Refashioned Modern Life in His Image," *Sciences*, 37(3) (May/June 1997), pp. 18~23.

니면서 아버지의 뒤를 이어 법조계 입문 준비를 했었다. 그러나 그의 신경질적인 기질 때문에 이러한 계획을 포기하게 되었고, 대신 그는 기계공의 견습생으로 일하면서 작업 현장에서 감독직에 올랐다.

테일러의 공장 경력은 그에게 특별한 노동 계급 의식을 부여하지 않았다. 오히려 그의 경험은 그가 어리석고 게으르다고 보았던 노동자에 대한 경멸을 더 강화시킬 뿐이었다. 노동자들이 스스로 할 수 있는 최대한의 노력보다 적게 힘들여 일하는 곳에서 감독으로 경험했던 때로 거슬러 올라가는 그의 혐오 대상은 "바쁜 체하며 게으름을 피우는" 사람이었다. 공장의 현장 경험을 가진 테일러는 노동자가 관리자보다 뚜렷한 이점, 즉 생산 과정에 대한 지식을 가지고 있었기 때문에 작업 속도를 조절할 수 있다고 이해했다. 세기가 바뀔 무렵에 제조가 작동하는 방식을 이해했던 이는 감독자라기보다는 노동자였다. 그리고 작업을 완료하는 방법 – 화학 혼합물이 어떤 색을 띠어야 하는지, 특정 부품의 적정 무게 등 – 은 흔히 직관적이고 비공식적인 경험칙에 기초하고 있었다. 공장 소유주와 관리자는 제품이 실제로 어떻게 조립되는지에 대해 어렴풋이 알고 있을 뿐, 스스로 할 수 있는 능력은 없었다. 이러한 지식의 통제는 노동자가 작업 속도를 조절할 수 있다는 것을 의미했다. 그들은 욕망 또는 필요에 따라 작업 속도를 늦출 수도 있었고 심지어 완전히 멈출 수도 있었다.

과학적 관리는 어떠한 주장을 하든지 간에 이상적인 작업 방법을 결정하는 것에 대한 것이라기보다는 이러한 엄청난 노동자의 힘의 원천을 산산이 부수는 것에 대한 것이었다. 개별 작업 과정을 세밀하게 검토된 부분적인 작업으로 분해함으로써 테일러는 노동자가 가진 이점의 비밀을 풀었으며, 그럼으로써 관리자가 생산 과정에 대한 완벽한 지배력을 갖게 했다. '과학'과 '효율성'이라는 근대적인 용어는 노동자의 규율과 통제의 특권을 가장했다. 정치 경제학자 해리 브레이버먼(Harry Braverman)의 추정에 따르면, "테일러는 작업이 행해져야 하는 정확한 방식을 노동자에게 지시하는 적절한 관리에 대한 절대적인 필요성을 강조함으로써, 통제 개념을 전혀 새로운 차원의 것으로 만들었다".[4]

테일러의 방법은 과학의 방법에 미치지 못했다. 테일러는 노동자들이 지시에 복종하도록 만들기 위해 속임수와 회유와 노골적인 처벌 등의 다양한 방법을 사용했다. 가장 열심히 일하는 노동자가 성취한 최고의 속도가 모든 노동자에게 새로운 기준이 되었다. 그 기준에 부응하는 데 실패한다는 것은 임금 공제를 의미할 수 있었다. 종종 '과학적인' 작업률 측정은 그가 발명한 임의적인 메트릭스에 따른 것이었다. 테일러의 동시대 생리학자인 레이놀드 스페이스(Reynold Spaeth)는 노동자가 하루의 43%에 해당하는 시간 동안 무거운 짐을 나를 수 있다고 명시한 '혹독한 노동의 법칙'은 "가장 파편적인 공개 자료 외에" 어떠한 근거도 없으며, 따라서 '믿음에 근거해' 받아들여져야만 한다고 주장했다.[5] 대부분의 역사가는 테일러의 감독 아래 선철 적재 속도를 네 배로 높인 '고가의 남자' 슈미트(Schmidt)의 유명한 이야기가 테일러가 거의 지치지 않고 말하는 날조된 것이었다는 데 동의한다.[6]

---

4   Harry Braverman, *Labor and Monopoly Capital: The Degradation of Work in the Twentieth Century* (New York: Monthly Review, 1974), p. 62. 〔해리 브레이버먼, 『노동과 독점 자본: 20세기에서의 노동의 쇠퇴』, 이한주·강남훈 옮김(서울: 까치, 1987), 85쪽〕.

5   Charles Wrege and Anne Marie Stotka, "Cooke Creates a Classic: The Story Behind F. W. Taylor's Principles of Scientific Management," *Academy of Management Review*, 3(4) (October 1978), p. 736에서 재인용.

6   James Hoopes, *False Prophets: The Gurus Who Created Modern Management and Why Their Ideas Are Bad for Business Today* (New York: Basic Books, 2003); Jill Lepore, "Not So Fast," *New Yorker,* October 5, 2009.

따라서 과학적 관리는 효율성의 과학이 아니라 노동자를 순종적인 주체로 개조하려는 정치적 프로그램이었다. 테일러는 이것을 "노동자의 노동을 향한, 동료를 향한, 그리고 고용주를 향한 … 노동자에 의한 완전한 정신 혁명"이라고 불렀다.[7] 이 혁명은 그 나름의 철학이 있었다. 역사가 브라이언 팔머(Bryan Palmer)에 따르면, 그 철학은 "인간과 인간 본성에 대한 보수적인 분석", 즉 인간은 본질적으로 게으르고, 노동은 기계와 같은 것이며, 사람들의 열망은 궁극적으로 재화의 획득으로 요약될 수 있다는 분석에 뿌리를 두고 있다.[8] 이 '정신 혁명'은 일종의 완전한 복종일 것이다.

애덤 스미스(Adam Smith)는 『국부론(*The Wealth of Nations*)』에서 분업이 노동자의 정신에 해로운 영향을 끼칠 수 있다고 염려했었다. 반복적인 작업에 한정된 "그는 자연히 그러한 노력하는 습관을 잃어버리고, 일반적으로 피조물로서의 인간이 될 수 있는 한 가장 멍청하고 무지하게 된다".[9] 테일러에게는 스미스가 노동자의 '정신의 무기력함'이라 일컬었던 것이 출발점이자 최종 목표였다. 테일러는 "무쇠를 나르는 일을 직업으로 삼는 사람에게 요구되는 일차적인 요건은 다른 어떠한 유형보다도 그의 정신적 구성이 황소와 거의 비슷할 정도로 멍청하고 무감각해야 한다는 것이다"라고 썼다.[10] 그는 훈련과 규율이 필요한 노동자를 동물 – 말, 황소, 심지어 지저귀는 새와 참새 –

7   David Stark, "Class Struggle and the Transformation of the Labor Process: A Relational Approach," *Theory and Society*, 9(1) (January 1980), p. 105에서 재인용.

8   Bryan Palmer, "Class, Conception, and Conflict: The Thrust for Efficiency, Managerial Views of Labor, and the Working Class Rebellion, 1903-22," *Review of Radical Political Economics*, 7(2) (July 1975), p. 36.

9   Adam Smith, *The Wealth of Nations* (New York: The Modern Library, [1776] 2000), p. 840.

10   Frederick W. Taylor, *The Principles of Scientific Management* (New York and London: Harper & Brothers, [1911] 1913).

에 비유하는 일에 결코 싫증을 내지 않았다.[11]

테일러에게는 불행하게도, 노동자들은 짐수레 말처럼 그렇게 쉽게 통제되지 않았다. 그가 처음으로 실험을 시작했던 펜실베이니아(Pennsylvania)의 베슬리헴 철강 회사(Bethlehem Steel)에서는 테일러의 새로운 시간 기준이 부과되자 기계적인 고장이 잇따랐다. 노동자들은 그러한 파괴가 빨라진 속도 때문이라고 비난했지만, 테일러는 "노동자들이 성과급제에 반대하는 방편으로 기계를 일부러 고장 내고 있다"고 주장했다.[12]

테일러의 방법이 퍼지면서, 저항도 확산되었다. 워터타운에서의 파업은 노동조합의 참여로 이어졌고, 노동조합은 지역의 우호적인 정치인들과 접촉했다. 1912년 1월 테일러와 부하들은 의회에서 설명하도록 소환되었다. 그곳에서 테일러의 경박하고 오만한 태도는 특히 수년 동안 병기창에서 일했던 노동자들의 증언 앞에서 어떠한 대의도 진전시키지 못했다. 한 주형공은 "힝싱 우리 인에 있는 최고의 것을 정부에 주려고 노력해 온 우리에게 그것은 굴욕적입니다"라고 설명했다. "이 방법은 원칙적으로 미국적이지 않으며, 우리는 그것을 즉시 중단하기를 정중히 요청합니다."[13] 노동조합은 이러한 입장을 지지했다. 후속 연구에서, 경제학자 로버트 혹시(Robert Hoxie)는 증오하는 테일러 시스템에 맞선 싸움을 위해 노조 대표들이 제시한 "100가지 이상의 구체적인 이유"의 목록을 만들었다. 그는 "적절하게 적용되고 정

11 David R. Roediger and Elizabeth D. Esch, *The Production of Difference: Race and the Management of Labor in US History* (New York: Oxford University Press, 2012), p. 148.

12 Taylor, *Scientific Management*.

13 *Testimony of Frederick W. Taylor before Special Committee of the US House of Representatives to Investigate the Taylor and Other Systems of Shop Management*, January 1912 (Washington, DC: Government Printing Office, 1912), p. 1879.

상적으로 기능하는 과학적 관리가 보편화된다면 오늘날 존재하는 것과 같은 효과적인 조합주의(unionism)의 종말을 의미할 것이다"라고 썼다.[14]

놀랍게도, 의회는 충실한 병기창 노동자들과 노동조합 편을 들었다. 워터타운에서 테일러주의는 중단되었고, 해고된 주형공들은 복직되었다. 테일러는 그 경험에 당황했다. 워터타운 파업의 역사학자 휴 에이킨(Hugh Aitken)이 묘사했듯이, 테일러는 다음과 같이 확신했다.

> 과학적 관리는 무지한 사람들의 의견이 아니라 생산 법칙에 대한 이해에 기초했기 때문에 이 새로운 방법은 — 만약 노동자들이 '협조'하기만 한다면 — 노동조합이 해왔거나 할 수 있는 것보다 그들에게 훨씬 더 도움이 될 것이다. 이 법칙은 흥정할 수 없는 것이다.[15]

테일러는 그 혹독한 심문으로부터 회복하지 못했고, 1915년에 사망했다. 그러나 그의 혁명은 종종 급진적인 노동자 운동의 지도자들인 뜻밖의 제자들에 의해 계속되었다.

20세기 초 마르크스주의 노동자 운동의 지도자들은 과학적 관리와 같은 자본주의 기술을 테일러와 같은 시각, 즉 생산성을 향상시켜서 궁극적으로 노동자의 상태도 향상시킬 수 있는 객관적인 방법으로 보았다. 마르크스 이론에 대한 특별한 해석을 바탕으로 그들은 이윤을 추구하는 자본주의가 경쟁적인 기술 혁신과 효율적인 작업 방법의 발견을 통해 생산성을 높였다고

---

14 Robert F. Hoxie, "Why Organized Labor Opposes Scientific Management," *Quarterly Journal of Economics*, 31(1) (November 1916), pp. 62~85.

15 Aitken, *Taylorism at Watertown Arsenal*, p. 45.

믿었다. 이러한 발견은 그 발견 고유의 정치를 가지고 있지 않았다. 기술은 중립적이었고, 사유 자본에서 국가 통제로의 소유권 변경과 함께 사용됨으로써, 노동자를 고된 노동으로부터 해방시키는 것이었다. 사실, 이러한 새로운 형태의 노동은 어렵고, 위험하고, 큰 반감을 샀다. 그러나 만약 노동자들이 생산력에 대한 저항을 미룰 수 있다면, 그들은 결국 풍부한 재화와 여가를 즐길 수 있을 것이다. 다시 말해, 정통 마르크스주의 이론에 따르면, 사회주의적 생산은 자본주의 생산 양식이 계속 발전할 수 있는 한 **이미** 자본주의 생산 양식 안에 **포함되어** 있었다.

일반적으로 기술, 과학, 진보의 객관성과 필연성에 대한 이러한 관점은 역사상 가장 성공적인 마르크스주의 운동을 추동하는 철학의 핵심이었다. 그러나 그 관점은 종종 노동자 자신의 실천적인 활동과 상충되었다. 게다가, 그 관점은 해방적 사회를 건설하는 목표에 해로운 방식으로 사회주의 전략을 형성했다. 이러한 실수는 단순히 역사적 골동품인 것만이 아니라 좌파 기술 정치에 지속적으로 영향을 미친다. 그래서 우리는 우리의 미래를 발명하기 전에 과거로 돌아가서 기계와 기술에 대한 이러한 운동의 접근 방식을 살펴보아야 한다.

제2인터내셔널

앞 장에서 자세히 설명한 19세기의 기계화에 대항한 투쟁은 20세기 초 유럽에서 성장했던 공식적인 노동자 운동에 의해 대개 잊히거나 억제되었다. 이른바 마르크스주의의 교황 카를 카우츠키(Karl Kautsky)는 마르크스와 엥겔스(Friedrich Engels)의 유산을 엥겔스로부터 직접 물려받았다. 공개적으로 독일의 가장 대중적인 정당이었던 마르크스주의 독일 사회민주당(Sozialdemokratische Partei Deutschlands: SPD)의 지도적인 이론가로서 카우츠키는 마르크스 저작의 수용과 해석뿐만 아니라 제2인터내셔널 의회를 통해 조정된 노동자 운동의 전략에도 엄청난 영향력을 행사했다. 많은 사람이 카우츠키를 처음 접한 것은 그에 대한 레닌(Vladimir Lenin)의 격한 논쟁적 비난을 통해서이지만, 카우츠키는 제1차 세계대전이 발발하기 이전에 레닌을 포함해 마르크스주의자들 사이에서 대단한 위상을 가지고 있었다.

카우츠키의 '정통 마르크스주의'는 사회주의를 생산력이라는 원동력에 의해 추진되는 과학적 역사 법칙에 따라 자본주의의 껍질에서 필연적으로 등장할 일종의 운명으로 묘사했다. 그가 말했듯이, "마지막 분석에서 인류의 역사는 관념이 아니라 어떤 누구의 바람이나 변덕에도 굴하지 않고 어떤 근본적인 법칙에 종속되는 저항할 수 없게 진보하는 경제 발전에 의해서 결정되며", 이로써 "새로운 형태의 사회를 필요로 하는 새로운 형태의 생산"을 야기한다.[16] 사회주의는 자체의 논리와 법칙을 따르는 자본주의 생산 발전의 기초 위에 등장할 것이다.

카우츠키의 이론에서 자본주의의 문제는 "생산력과 기존 소유 체계 사이에 점증하는 모순"이었으며, 그 해결책은 오직 사회주의만 제공할 수 있다. 그는 가장 기계적인 전이의 개념은 거부했다.

우리가 생산 수단에서 사적 소유의 폐지가 불가피하다고 선언할 때, 피착취 계급이 스스로의 도움 없이 어떤 착한 요정이 혁명을 일으킨 좋은 아침을 맞이하는 것을 의미하지 않는다.

---

16 Karl Kautsky, *The Class Struggle* (Chicago: Charles H. Kerr & Co., [1892] 1910).

그러나 카우츠키가 공동 집필한 독일 사회민주당의 선언문인 에르푸르트 강령(Erfurt Program)은 운명론으로 가득 차 있다. 모든 자본주의 발전은 사회를 사회주의로 더 가까이 가게 하며, 기계 파괴와 같은 이에 대한 어떠한 저항도 혁명을 지연시킬 뿐이다.

자본주의 사회 체계는 명을 다하고 있다. 자본주의의 붕괴는 이제 시간문제에 불과하다. 멈출 수 없는 경제적 힘은 운명적 확실성을 가지고 자본주의 생산의 파멸을 초래한다. 기존 사회 질서를 새로운 사회 질서로 대체하는 것은 단순히 희망 사항이 아니라 불가피한 것이 되었다.

자본주의 생산의 진보가 사회주의의 필연으로 이어질 것이라는 믿음은 권력 획득의 매개체로서의 정당과 함께 의회라는 수단을 통해 노동 계급의 권력을 구축하려는 독일 사회민주당의 신중하고 인내심 있는 태도와 일치했다. 자본주의 경제는 더 성장하고, 더 복잡해지고, 더 관료화되면서 그에 상응하는 정치 기구가 필요할 것이다. 이것은 독일 사회민주당이 노동 현장 민주주의에 대한 요구를 무시하는 경향이 있었다는 것을 의미했다. 제프 일리(Geoff Eley)가 쓴 유럽 좌파의 역사에서 묘사하듯이, "카를 카우츠키 같은 지도적 이론가들은 선진 산업 경제와 현대적인 기업의 복잡성 때문에 경제 자체에 민주적인 절차를 직접 도입하는 것은 불가능하다고 주장하면서 노동자들의 통제를 명시적으로 거부했다".[17] 생산 조직에 관한 질문은 정치적

---

17 Geoff Eley, *Forging Democracy: The History of the Left in Europe, 1850-2000* (New York: Oxford University Press, 2002), p. 100. 〔제프 일리, 『The Left 1848~2000: 미완의 기획, 유럽 좌파의 역사』, 유강은 옮김(서울: 뿌리와이파리, 2008), 218쪽〕.

문제가 아니라 과학적인 문제였다. 대신 독일 사회민주당은 정치가 의회의 주도권을 놓고 경쟁함으로써 경제의 고삐를 잡는 것을 목표로 해야 한다고 주장했다.

그러나 19세기 말에 사회주의의 필연성에 의문이 제기되었다. 자본주의 경제는 장기간의 쇠퇴를 겪었지만, 독점과 트러스트로 강화됨으로써 새로운 안정 국면으로 부상하는 것처럼 보였다. 사회주의자들은 앞다투어 새로운 상황을 이해하고자 했으며, 두 가지 주요한 관점이 등장했다. 카우츠키와 젊은 폴란드계 독일인 공산주의자 로자 룩셈부르크(Rosa Luxemburg)로 대표되는 한쪽 극단은 점증하는 자본의 집중은 위기와 혁명적 상황 이전의 마지막 단계라고 생각했다. 다른 쪽 극단에서 에르푸르트 강령의 공동 저자인 에두아르트 베른슈타인(Eduard Bernstein)은 이것이 오히려 자본주의의 예기치 못한 회복력을 보여주는 것이며, 혁명이 더 이상 논의의 대상이 아님을 뜻한다고 주장했다. 베른슈타인의 '수정주의'를 겨냥한 룩셈부르크의 1899년 비판인 『사회 개혁이냐 혁명이냐(*Social Reform or Revolution?*)』는 바로 이 질문을 다루고 있다. 그 책에서 그녀는 자본주의의 모순은 극복된 것이 아니라 강화되어 왔으며, 최종적인 위기는 일시적으로 연기된 것이라고 주장한다. 그렇게 주장함으로써 룩셈부르크는 카우츠키의 결정론에 계속해 빚지고 있음을 드러낸다. 그녀는 "사회주의의 객관적 필연성, 즉 사회주의를 사회의 물질적 발전의 결과로 설명"함으로써 베른슈타인의 '윤리적 사회주의'에 맞선다. 다른 말로 해서, 사회주의는 자본주의 생산의 내적 모순에서 비롯되는 최종적 위기로부터 기계적으로 진행된다.[18]

---

18 Rosa Luxemburg, *Social Reform or Revolution?*(New York: Pathfinder, [1899] 1973). [로자 룩셈부르크, 『사회 개혁이냐 혁명이냐』, 김경미·송병헌 옮김(서울: 책세상, 2002)].

이 '과학적 사회주의'의 계승자들의 접근 방식은 마르크스와는 어떻게 달랐는가? 루치오 콜레티(Lucio Colletti)는 제2차 인터내셔널 마르크스주의에 대한 철학적 분석에서 "그 시기의 마르크스주의는 마르크스 스스로 **역사적 경향** – 즉, 위기 – 이라고 천명했던 것을 필연적인 자연법칙으로 변형시켰다"고 지적한다.[19] 붕괴와 혁명에 대한 상이한 관점과 상관없이, 베른슈타인, 카우츠키, 룩셈부르크 그리고 러시아 이론가 게오르기 플레하노프(Georgi Plekhanov)와 같은 독일 밖의 인물들도 모두 특정한 가정을 공유했다.

마르크스에게 있어서 **사물**의 생산과 **관념**의 생산(객관화), 생산과 상호 주관적 소통, 물질 생산과 사회관계의 생산(마르크스에 따르면 인간과 자연 사이의 관계는 인간과 인간 사이의 관계이기도 했으며, 반대의 관계이기도 했다) 모두를 포함했던 이른바 '경제적 영역'은 이제 다른 '시기들'로부터 분리되고 효과적인 **사회 역사적** 내용은 결여된 **하나의 고립된 요인**으로 보였으며, 이는 모든 인간적 중재 이전의 선행 영역을 나타낸다.[20]

다른 말로 해서, 제2인터내셔널의 이론은 물화된 '경제적 토대'의 범주들과 단지 토대의 부수 현상에 불과한 언어·법·다른 인간 사회성의 요소들의 '상부 구조'를 구성함으로써 오류를 범했다. '경제적 토대'를 배타적으로 기술, 즉 '생산 기법'으로 여기고, 기술을 객관적이고 '과학적인' 생산의 특징으로 취급함으로써, 제2인터내셔널은 이러한 생산의 사회적 내용, 즉 생산이

---

19 Lucio Colletti, *From Rousseau to Lenin* (New York: New York University Press, 1975), p. 54.

20 Colletti, 같은 책, p. 65.

인간들의 배열, 인간들의 문화, 인간들의 투쟁을 직접적으로 형성하는 방식을 배제했다. 계급 투쟁의 내용은 사회주의 이론에 부차적이었으며, 그 이론에 따르면 자본주의의 내생적 모순이 역사를 견인하고 사회주의로의 이행을 위한 기초를 마련했다.[21]

이러한 결정론적 신념은 궁극적으로 자본주의 사회 관계가 겨우 자리 잡기 시작한 농민이 다수인 국가에서 권력 장악을 구축하는 데 있어서 발전 단계의 순차적 진행을 따르지 않았던 1917년 볼셰비키 혁명에 대해 카우츠키가 비판하는 토대가 되었다. 그는 "혁명은 저절로 일어나는 것이 아니라 제반 사항으로부터 발생한다는 것이 오래된 마르크스주의의 원칙이다"라고 충고했다.[22] 이러한 시각은 제1차 세계대전이 발발하는 동안에 카우츠키의 사회민주당이 국제주의에 헌신하기보다는 독일을 지지하는 데 영향을 미쳤다. 일리가 묘사하듯이, 독일 사회민주당이 국제주의에 대한 헌신을 배신하고 전쟁을 지지한 것에 대한 정당화는 부분적으로 민족주의적 군국주의에 갑자기 빠져드는 데 '진보적인' 활력을 제공하면서 "차르의 반동과 슬라브족의 후진성"에 맞서 이익을 옹호하고 있다는 주장으로 이루어져 있었다.[23]

전쟁이 끝난 후, 카우츠키는 사회주의는 생산력이 충분히 '성숙'(그가 반복

---

21 '생산력'을 엄격하게 자본주의 생산 기술의 측면에서 보는 부수적인 오류를 포함하는, 자본주의에서 사회주의로의 이행에 관한 이러한 전체 기술 결정론적 해석은 1970년에 제럴드 고언(Gerald Cohen)과 '분석 마르크스주의' 학파에 의해 부활되었다. 콜레티와 동일한 주장의 많은 부분에서 이끌어낸 비판에 대해서는 데릭 세이어(Derek Sayer)의 『추상의 폭력(The Violence of Abstraction)』(1987) 참조.

22 Karl Kautsky, "Constituent Assembly and Soviet," in The Dictatorship of the Proletariat (Manchester, UK: National Labour Press, [1918] 1919), chapter 6. 〔카를 카우츠키, 『프롤레타리아 독재』, 강신준 옮김(파주: 한길사, 2006), 제6장 "제헌의회와 소비에트"〕.

23 Eley, Forging Democracy, p. 126. 〔일리, 『The Left 1848~2000』, 243쪽〕.

적으로 사용한 용어)할 때만 일어날 수 있다고 주장하면서, 전기 작가 딕 기어리(Dick Geary)가 그의 "역사 변동의 과정에 대한 기계론적 관점"[24]이라고 명명한 것을 계속 고수했다. 그는 1924년에 "사회주의는 무력화되고 정체된 자본주의에서 발생할 수 없으며 오로지 생산성의 최고점에 도달한 자본주의에서만 발생할 수 있다"고 썼다. 끝없이 연기된 전투와 자본주의 생산의 '주변부'에서 일어나는 투쟁에 대한 경멸을 특징으로 하는 전체 마르크스주의 전통이 그 뒤를 따랐다. 최근의 예를 들어, 잡지 ≪자코뱅(Jacobin)≫의 편집자인 바스카 선카라(Bhaskar Sunkara)는 저작 『사회주의 선언(Socialist Manifesto)』에서 마르크스에 대한 카우츠키의 주장을 반복한다. "제3세계의 사회주의 경험은 사회주의 경제가 성공하기 위해서는 이미 발전한 생산력이 갖춰져 있어야 한다고 주장했던 마르크스의 정당성을 입증해 주었다."[25]

워블리와 기술 전문가

유럽의 발전된 노동자 정당이 부재한 미국에서는 대안적인 시각이 우세했다. 다른 어떤 것보다 직접 행동을 우선시하는 경향이 있는 전투적인 단기 노동자와 실업자 들의 거대 조직인 세계 산업 노동자 연맹(The Industrial Workers of the World: IWW)은 과학적 관리가 계급 투쟁을 위해 의미가 있다는 것을 인식했다. 마이크 데이비스(Mike Davis)가 말하듯이, 테일러주의 '합리

---

24 Dick Geary, *Karl Kautsky* (Manchester, UK: Manchester University Press, 1987), p. 91.

25 Bhaskar Sunkara, *The Socialist Manifesto: The Case for Radical Politics in an Age of Extreme Inequality* (New York: Basic Books, 2017), p. 118. 〔바스카 선카라, 『미국의 사회주의 선언: 극단적 불평등 시대에 급진적 정치를 위한 옹호론』, 미래를소유한사람들 편집부 옮김(서울: 미래를소유한사람들, 2021), 232쪽〕.

화'가 산업 전반에 퍼지자, 이른바 워블리들(Wobblies, 워블리는 세계 산업 노동자 연맹의 조합원을 가리키는 말이다 – 옮긴이)은 "테일러의 합리성과 능률 촉진에 대항해 일반 조합원들의 반란을 전개하려고 시도했다".[26] 노동자들 사이에서 새로운 노동 방법에 전투적으로 반대하는 것에 대한 관심이 높아짐에 따라, IWW는 사보타주를 주제로 한 두 개의 주목할 만한 책자를 출간했다. 이 가운데 하나가 한 조직 책임자를 기소하는 데 사용된 이후, 노조는 출판을 철회하고 사보타주를 하나의 전술로 사용하는 것을 공개적으로 포기했다.

이때의 '사보타주'는 결근, 태업, 작업의 명시적인 요구 사항만 따르는 '준법 투쟁', 심지어 파업을 포함해, 노동자가 생산을 방해하기 위한 수많은 전복적인 기법을 의미할 수 있었다. 사보타주는 장비 파괴 – "기계 부품 바꾸어 놓기 또는 전체 기계의 배열 해체" – 를 의미할 수 있지만, 공장주가 의도한 것보다 더 나은 품질의 제품을 생산하는 것을 의미할 수도 있었다. IWW의 주도적인 구성원인 워커 스미스(Walker Smith)는 이렇게 썼다.

> 노동자들은 자신의 계급이 불량 식품, 싸구려 옷, 썩은 재료 들이 판매되는 계급이라는 것을 알게 되었으며, 그들은 제품의 질을 낮추기를 거부함으로써 고용주의 이윤을 소실시킬 뿐만 아니라 자신의 삶을 보호한다.[27]

사실, 그는 아이러니한 어조로 '사보타주'는 고용주가 직장 폐쇄를 통해

---

26 Mike Davis, "The Stopwatch and the Wooden Shoe," *Radical America* (January/February 1975), p. 74.

27 Walker C. Smith, *Sabotage: Its History, Philosophy, and Function* (Chicago: Black Swan Press, 1913).

생산을 멈추었을 때의 그들의 행위를 묘사할 수도 있다고 주장했다.

스미스는 사보타주의 이점이 두 가지라고 주장했다. 첫째, 사보타주는 자본가들에게 직접적인 경제적 영향을 미쳤다. "목적은 고용주의 급소, 그의 심장과 영혼, 즉 그의 주머니에 타격을 가하는 것이다." 둘째 그리고 더 중요하게, 사보타주는 노동자들 사이에 투쟁 정신과 연대를 발전시키는 수단이었다. 스미스는 계급 투쟁에 대한 사보타주의 효과를 게릴라전의 효과에 비유했다.

게릴라전은 개인의 용기를 끌어내고, 결단력, 대담성, 단호함, 호방함을 발달시킨다. 사보타주는 행위자에게 같은 역할을 한다. 사보타주는 게릴라들이 국가 전쟁에서 하는 바로 그 역할을 사회 전쟁에서 하는 것이다. 만약 사보타주가 노동자들 중 일부를 무기력에서 깨어나게만 하더라도, 그것은 정당화될 것이다. 그러나 사보타주는 노동자들을 깨어 있게 하고 그들의 주인과 전투를 벌이도록 선동하는 것 이상을 할 것이다. 사보타주는 전투적인 소수, 즉 항상 투쟁으로부터 가장 큰 타격을 받는 소수에게 추가적인 희망을 줄 것이다.

사보타주 기법은 생산 과정 내에서 노동자의 특수한 배치로부터 '주인이 빼앗을 수 없는 무기'를 끌어냈다. 그리고 게릴라전처럼, 사보타주가 약자의 무기였다면, 스미스도 이를 인정한 셈이었다.

노동자들이 여전히 대체로 권력 의식이 없다는 것이 정말인가? 우리가 얻으려고 고군분투하고 있는 권력을 오늘날 우리가 이미 부여받았다는 이론 위에서 행동하는 것은 자멸을 초래하는 일이 될 것이다. 약한 우리는 우리의 적, 즉 고용 계급과 타협하는 것을 제외하고 우리의 손안에 있는 모든 수단을 사용해 발아(發

#)하고 있는 우리의 조직을 보호해야 한다.[28]

전설적인 IWW 활동가 엘리자베스 걸리 플린(Elizabeth Gurley Flynn)은 소책자에서 더 정확한 정의를 시도했다. '사보타주'는 "급료에 비례해 생산을 제한하려는" 모든 노력 또는 "유능한 노동자의 능률을 고의로 철회하는 것"을 가리킨다. 플린은 스미스가 그랬던 것처럼 계급 의식 형성을 위한 사보타주의 유익한 효과를 주장하기보다는 노동자들은 단지 그들이 하고 있는 것에 대한 일관된 이름을 갖고 있지 않았을 뿐 **이미** 언제나 사보타주에 참여하고 있었다고 주장했다. 플린은 1913년 파업 기간 동안 조직책들이 사보타주의 효과에 대해 논쟁했던 뉴저지의 패터슨(Paterson, New Jersey) 실크 공장의 한 노동자의 말을 인용했다.

나는 보이드(Boyd) 씨가 플랫폼에서 사보타주에 대해 얘기하기 전에는 사보타주라는 것을 들어본 적이 없어요. 나는 가끔씩 반차를 원하는데 허락해 주지 않으면 기계에서 벨트를 풀어버려요. 그러면 기계는 돌아가지 않고 나는 반차를 얻을 수 있어요. 그걸 사보타주라고 부르는지는 모르겠지만, 나는 그렇게 해요.[29]

플린이 언급했듯이, "실행 위원회 구성원들은 하나씩 하나씩 이러한 것을 이용해 왔지만 그것이 "사보타주라고 불리는 바로 그것인지는 몰랐다!"는 것을 인정했다". 플린의 사보타주에 대한 분석은 이런 의미에서 탁월하게 마르크스주의적이었다. 그녀는 하향식으로 전략을 지시하기보다는 실제로

---

28 Smith, 같은 책.

29 Elizabeth Gurley Flynn, *Sabotage* (Cleveland: IWW Publishing Bureau, 1916).

존재하는 노동자의 전술을 계급 투쟁의 근본적인 구성 요소로 개념화했다. 그녀는 "우리는 노동자들이 무엇을 하고 있는지 보고 나서 그들이 왜 그렇게 하는지 이해하려고 한다. 옳은지 그른지 말하지 말고 그 상태를 분석하라"고 썼다.

몇 년 후, 이 악명 높은 워블리 소책자의 주제와 아이디어는 다소 놀라운 곳에서 등장했다. 그것은 비정통적인 미국 사회학자 소스타인 베블런(Thorstein Veblen)의 주요 저작 중 하나였다. 베블런의 『엔지니어와 가격 체계(*The Engineers and the Price System*)』는 미국의 기술 관료적 사회주의 변혁에 대한 스케치로 가장 유명하다. 그러나 이 책은 다른 무엇보다도 사보타주에 대해 다소 이상한 토론으로 시작한다. 베블런은 스미스와 플린의 주장을 반복하고 있는데, 그가 분명히 그들의 저작을 염두에 둔 것이 틀림없을 정도였다. 그는 심지어 사보타주에 대한 플린의 정의인 '면밀한 능률의 철회'를 사용한다.

워블리처럼 베블런은 사보타주의 정의를 확장해 사업 과정에서 제조자가 사용하는 기술도 포함한다.

그러한 제한, 지연 및 방해 공작은 통상적인 기업 활동에서 큰 몫을 차지한다. 그러나 이 평범한 기업 전략의 노선이 생디칼리스트의 일반적인 전술과 실질적으로 동일한 성격을 가진 것으로 인식된 것은 단지 최근의 일이다.[30]

많은 학자는 베블런의 분석을 당시의 자본가를 비판하는 그의 특징적인 풍자적 접근의 일부로 이해해 왔고, 그러한 어조는 분명히 눈에 띈다.[31] 그

---

30 Thorstein Veblen, *On the Nature and Uses of Sabotage* (New York: Dial Press, 1919), p. 5.

러나 사보타주에 대한 베블런의 논의는 또한 그가 IWW와 그들의 정치에 수년 동안 지속적으로 관여해 왔음을 반영한다. 경제사학자 존 헨리(John Henry)가 묘사하듯이, 베블런은 IWW에 상당한 공감을 갖고 있었으며, 박해에 반대하는 탄원서에 서명을 하고, 미국 농업국(American Farm Bureau)이 실직한 워블리들이 밭에서 일할 수 있도록 고용하라고 권고하기까지 했다.[32] 그 제안은 그의 농업부(Department of Agriculture)에서의 경력을 너무 일찍 끝내버렸다.[33]

베블런은 IWW의 자본주의에 대한 반감을 공유할 가능성이 많았지만, IWW의 방식에 찬성하지는 않았다. 노동자와 소유주 모두에 의해 저질러진 사보타주의 유행을 묘사하면서, 그는 노동자의 입장에 가치를 부여하기보다는 중재자, 즉 엔지니어를 상정하려고 했다. 베블런은 "부재한 소유주의 금융 대리인이 산업 경영에 있어서 낭비와 혼란에 대해 점점 더 의식하게" 됨으로써 그가 자본가의 '기득권'보다는 '평범한 노동 인력'으로 분류했던 엔지니어는 "'계급 의식'을 갖기가 어려워지기 시작했다"고 주장했다.[34] 이윤과 경쟁보다는 "생산적 효율성, 자원의 경제적 사용, 소비재의 공평한 분배에 공통된 관심을" 가진 엔지니어들은 미국의 산업 생산 능력의 가치 있는 계승자가 되어 공동선을 위해 달릴 것이다. 그들은 '엔지니어 평의회'를 형성할 것이다.

31   Graham Cassano, "Stylistic Sabotage and Thorstein Veblen's Scientific Irony," *Journal of Economic Issues*, 39(3) (September 2005), pp. 741~764 참조.

32   John F. Henry, "Fred Lee, the Industrial Workers of the World, and Heterodox Economics," *Review of Radical Political Economics*, 49(1) (March 2017), pp. 148~152.

33   Sidney Plotkin and Rick Tilman, *The Political Ideas of Thorstein Veblen* (New Haven: Yale University Press, 2011), p. 214, n. 52.

34   Veblen, *Sabotage*, p. 45.

베블런은 이 전선에서 훨씬 더 많은 일을 하기 전에 생을 마감했지만, 그는 다른 이들이 새로운 기술과 재구성된 노동 과정으로부터 더 평등한 사회를 건설하는 횃불을 들 수 있게 고무했다. 베블런과 가끔씩 협력했던 화법이 화려한 엔지니어 하워드 스콧(Howard Scott)은 기술 전문가에 의해 합리적으로 관리되는 사회에 전념하는 가장 영향력 있고 오래 지속된 싱크탱크 가운데 하나를 조직했다.

1920년대에 스콧은 IWW의 연구 책임자로 자본주의 체계의 낭비에 대해 연구했으며, 1932년에는 공학 교수인 월터 라우텐스트로크(Walter Rauten-strauch)와 함께 컬럼비아 대학교(Columbia University)에 테크노크라시 위원회(Committee on Technocracy)를 결성했다.[35] 베블런과 마찬가지로 기술 관료들은 '가격 체계'를 자본주의의 근본적인 문제로 비판했으며, 대신에 결코 완전히 설명되지 않은 계획인 '에너지 단위'에 기초한 통화 체계를 주장했다. 이러한 다소 괴팍한 계획 속에서도, 기술 통치 체제(technocracy)는 대공황이 기존의 경제 체계에 대한 믿음을 산산조각 내고 사람들로 하여금 다음에 무슨 일이 일어날지에 대한 답을 찾도록 만들었던 1930년대 초에 영향력의 정점에 도달했다.

자본주의 체계에 대한 기술 통치의 진단은 오늘날 '완전히 자동화된' 급진주의자의 예측과 놀랍도록 유사하다. 즉, 노동자를 기계로 대체함으로써 발생한 사회적 위기가 우리에게 닥쳤다는 것이다. '테크노크라트(Techno-crat)'라는 이름을 딴 잡지에서 공언했듯이, 배수로를 파는 것에서 계산기에 이르기까지 다음과 같이 언급했다.

---

35 Beverly H. Burris, *Technocracy at Work* (New York: SUNY Press, 1993), pp. 28~29.

기계가 하나씩 하나씩 노동자를 대체하는 일이 완성되어 왔으며 또는 그렇게 되고 있다. 그러나 기계가 그렇게 많은 노동자를 대체해 지구의 사람들에게 생계를 제공하는 완전히 새로운 시스템이 고안되어야 하는 때가 언제일지는 단지 시간문제라는 것은 명백하다.[36]

이러한 시스템은 어떤 것일까? 기술 관료들은 노동 시간을 줄이기 위해 기계를 배치하고 돈을 통해 부를 축적하는 방법을 제거함으로써, "만약 모든 사람이 20년 동안 1년에 600시간 약간 넘게 일한다면, 그의 노력은 1년에 대략 2만 달러의 수입을 얻을 권리를 부여할 것이다!"라고 주장했다.[37] 그러한 보편적인 기본 소득은 오늘날의 달러화로 한 가구를 상위 1%의 소득자로 만들 것이다. 그러나 기술 통치의 존재 이유는 기계의 포용이었다. "기술 통치 체제 아래서 기계가 일을 점점 더 많이 하도록 해서 삶을 즐길 수 있는 더 많은 여가를 가질 수 있는데 왜 기계와 싸워야 하는가?"[38]

기술 통치 체제의 유행은 오래가지 못했다. 공학 역사가 데이비드 노블 (David Noble)의 평가에 따르면, 그것은 "미디어 유행이었고 정치적으로는 막다른 골목"이었으며, 점점 더 컬트적인 성향을 띠게 되었다.[39] 스콧이 만든 조직인 테크노크라시 주식회사(Technocracy, Inc.)는 그가 죽은 지 수십 년이 지난 오늘날에도 여전히 존재하며, 그 회사의 초보적인 웹사이트는 탈노동의 미래와 아쿠아포닉스(aquaponics, 수경 식물과 수중 생물 양식을 합친 시스

---

36 "Technocracy: A Bloodless Revolution," *Technocrat's Magazine*, 1933, pp. 4~5.

37 같은 글, p. 6.

38 같은 글, p. 13.

39 David F. Noble, *America By Design: Science, Technology, and the Rise of Corporate Capitalism* (New York: Oxford University Press, 1979), p. 63.

템으로, 양식 어류나 수생 동물의 유기물과 배설물을 수경 재배 식물의 영양분으로 공급하고 이 과정이 물을 정화하는 재배 방식을 말한다 ─ 옮긴이)와 같이 환경주의를 지향하는 실험을 홍보한다. 궁극적으로, 모든 고상한 (때때로 특이한) 목표에도 불구하고, 그 조직은 문제와 가상의 해결책의 윤곽만을 보여주는 데 만족했다. 대공황 기간에 수년 동안의 억압 끝에 약화된 IWW는 기술 통치에 대해 처음으로 어느 정도의 관심을 보였다. 예를 들어, 1933년 잡지 ≪산업 노동자(Industrial Worker)≫의 한 헤드라인은 "과학자, 3년 내에 자본주의 종말을 예측하다"라고 외쳤다. 문제의 과학자 스콧은 자신의 과학자로서의 자격을 과장했지만 말이다. 그러나 IWW는 결국 이러한 비전에 싫증을 느끼고 기술 통치에 대해 "숫자와 측정을 담은 칼럼 외에 무언가를 성취하기 위한 프로그램을 갖고 있지 않으며 계급 투쟁을 완전히 배제하고 있기 때문에 거기는 논의할 것이 전혀 없다"라고 의미심장한 비판을 가했다.[40]

레닌과 볼셰비키

볼셰비키는 정치적 전략의 차이에도 불구하고 제2인터내셔널의 이론적 전망의 많은 부분을 공유했다. 러시아 혁명 이후에도 사회주의 경제에 필요한 발전 단계들을 빠르게 통과하기 위해 '후진적인' 소비에트 연방으로 사회주의를 건설하는 것은 주로 자본주의 기술을 습득하는 문제였다. 한 역사학자는 볼셰비키를 포함한 러시아의 모든 계급과 정치적 경향 사이에 과학에 대한 믿음이 팽배했으며, 이는 영국, 프랑스, 독일 수준으로 제국이 '따라잡

---

40 Andor Wiener, "Technocracy or Industrial Unionism," trans. Ildiko Sipos (Cleveland: Bermunkas, 1933).

아야' 한다는 더 긴 담론의 일부라고 말한다.[41]

볼셰비키 지식인들은 사회주의로 가는 단계주의(stagist)의 길을 일반적으로 받아들였음에도 불구하고, 그들 사이에서는 기술의 문제와 노동 과정에 대한 많은 논쟁이 있었다. 철학적 측면에서 니콜라이 부하린(Nikolai Bukharin)은 자율적인 행위자로서의 기술과 함께 경제적 '토대'를 통한 선형적인 발전 개념을 스케치하면서, 카우츠키의 입장과 유사한 기술 결정론적 입장을 취했다. 그는 "역사적인 생산 양식, 즉 사회의 형태는 생산력의 발전, 즉 기술의 발전에 의해 결정된다"고 쓴다.[42]

철학자 죄르지 루카치(Georg Lukács)는 부하린의 분석과 자본주의 세계의 과학관의 이데올로기 사이의 일치에 주목하면서, 이러한 견해를 비판했다. "부하린의 이론이 부르주아 자연과학적 유물론에 가깝다는 것은 그가 '과학'을 (프랑스적 의미에서) 모델로 사용한 데서 비롯된다." 루카치는 진정한 역사 유물론적 분석은 과학과 기술이 그것들이 배태되어 있는 계급 체계와 분리될 수 없다는 것을 의미한다고 주장했다. 그는 "그것은 사회와 역사에 구체적으로 적용할 때 마르크스주의의 독특한 특색을 종종 모호하게 한다. **즉, 모든 경제적 또는 '사회학적' 현상은 인간과 인간의 사회적 관계에서 비롯된다**"고 썼다.[43] 루카치에 따르면, 이것은 자본주의 생산이 자본주의의 계급 구조와 특히 생산 지점에서 노동자를 지배하고 통제하는 그 계급 구조의 특

41 Alexei Kojevnikov, "The Phenomenon of Soviet Science," *Osiris*, 2nd series, 23 (2008), p. 116.

42 Nikolai Bukharin, *The Theory of Historical Materialism: A Popular Textbook of Marxist Sociology* (Moscow: International Publishers, 1921).

43 Georg Lukács, "Technology and Social Relations," *New Left Review*, 39 (September/ October 1966).

권으로부터 쉽게 분리되지 않는다는 것을 의미했다.

레닌은 종종 기술이 사회적 관계로부터 독립적이며, 소비에트 연방은 자본주의적 생산 방식을 채택할 필요가 있다고 믿으면서, 부하린의 편으로 기울어지는 것처럼 보였다. '테일러 시스템'에 대한 그의 글에서, 레닌은 테일러주의가 자본주의하에서는 노예화의 한 형태이지만, 사회주의하에서는 노동의 부담을 완화시킬 것이라고 이론화했다.

> 테일러 시스템은, 그 주창자들은 알지도 못했고 바라지도 않았지만, 프롤레타리아가 모든 사회적 생산을 장악하고 모든 사회적 노동을 적절히 분배하고 합리화할 목적으로 자체의 노동자 위원회를 임명할 때를 준비하고 있다. 대규모 생산, 기계, 철도, 전화, 이 모든 것은 조직된 노동자들의 노동 시간을 4분의 3으로 줄이고 현재보다 네 배 더 나은 생활을 할 수 있는 수천 번의 기회를 제공한다.[44]

본질적으로, 테일러화된 생산에 의해 얻어지는 효율성 향상은 자본주의하에서 단순히 더 큰 강도의 착취를 의미했지만, 생산 수단의 사회주의적 소유하에서 적절한 발전이 이루어지면 결국 노동 시간의 단축으로서 실현될 수 있다. 다른 곳에서, 레닌은 테일러주의를 "부르주아 착취의 세련된 잔인성과 수많은 위대한 과학적 성취의 결합"으로 일컬으면서, 더 양면적인 태도를 나타냈다.[45] 신생 소비에트 연방에서 생산성을 높이는 데 열심이었

---

44 Vladimir Ilyich Lenin, "The Taylor System: Man's Enslavement by the Machine," in *Lenin Collected Works*, vol. 20, trans. Bernard Isaacs and Joe Fineburg (Moscow: Progress Publishers, [1914] 1972).

45 Vladimir Ilyich Lenin, "The Immediate Tasks of the Soviet Government," in *Lenin Collected Works*, vol. 27, trans. Clemens Dutt, ed. Robert Daglish (Moscow: Progress Publishers,

던 그는 궁극적으로 "소비에트 연방의 힘과 소비에트 연방의 행정 조직을" 테일러주의와 같은 "최신의 자본주의의 성취와 결합"시킬 것을 주장했다.[46]

테일러주의라는 주제는 볼셰비키 사이에서 많은 논쟁을 불러일으켰다. 프롤레타리아 문화(Proletkult)를 주창해 부르주아 예술 형식에 대한 대안으로서 노동자 지향의 문화와 예술을 구성하려고 했던 알렉산드르 보그다노프(Aleksandr Bogdanov)는 테일러주의 방식의 채택을 비판했다. 보그다노프는 테일러주의가 노동자의 비판적이고 창조적인 능력을 위축시키는 반복적인 작업을 강요함으로써 혁명의 목적을 훼손할 것이라고 믿었다. 대신에 보그다노프는 사회주의적 생산은 "보편적으로 발전된 의식적 생산자로서 고도로 발달된 노동자의 정신적 평등"에 의해 특징지어질 것이라고 믿었다.[47] 게다가 그는 테일러주의가 엄격한 관리 통제에 의존해서 노동자들 사이에, 특별히 육체노동자와 엔지니어 사이에 분열을 가져올 수 있다는 것을 인식했다.[48]

그 논쟁의 반대편에는 노동 중앙 연구소(Central Institute of Labor)의 소장이 된 전직 시인 알렉세이 가스테프(Aleksei Gastev)가 있었다. 볼셰비키 사이에서 테일러주의의 주요 지지자였던 가스테프에 따르면, 과학적 관리는 단순히 효율성의 문제가 아니라 새로운 사회주의 주체와 근대적인 유토피아의 창조를 위한 수단이었다. 리처드 스타이츠(Richard Stites)가 그의 소비에트 연

〔1918〕 1972).

46 Lenin, 같은 글.

47 Alexander Bogdanov, "Socially Organised Society: Socialist Society," *A Short Course of Economic Science*, rev. ed., trans. Joe Fineburg (London: Communist Party of Great Britain, 〔1919〕 1925), chapter 10.

48 Zenovia A. Sochor, "Soviet Taylorism Revisited," *Soviet Studies*, 33(2) (1981), pp. 248~249.

방의 문화사 저작에서 묘사하듯이, 가스테프는 "문자 그대로 전 세계가 기계 도시 안에서 연결된, 자율적으로 조절되고 자동 수정되는 기계에 의해 지배되는 생산에 따라 기계화되고 표준화된 세계, 즉 전 지구적으로 펼쳐지는 단일하고 연속적인 기계화된 문명"을 구상했다. 가스테프는 단호했다. 기계가 노동뿐만 아니라 모든 사회생활이 합리화되고 표준화 – "단일한 담화 양식, 표준화된 사고의 목록, 그리고 식사와 주거와 성적이고 영적인 삶의 통합된 집합" – 될 수 있도록 노동과 사회생활의 속도를 설정해야 한다.[49]

사회는 제멋대로인 개인과 집단의 조합이라기보다는 수리가 필요한 기계에 더 가까울 것이기 때문에 그러한 합리화는 민주주의를 위한 어떠한 필요성도 없애버렸다. 이러한 시대에 뒤떨어진 정치 형태는 시대에 뒤떨어진 생산 방식과 함께 추방되어야 한다고 그는 추론했다.

사회 문제를 '투표'에 의해서 해결하고 또는 다수나 소수를 찾아 해결하는 방식은 구석의 수공업으로 보아야 한다. 새로운 산업의 본질은 이것을 끝내고 일반 의지를 드러내는 새로운 수단을 창조하는 것일 것이다.[50] 실제로, 기계와 관련된 노동자 계급은 기계적 통치를 의미할 수 있다. "관리되는 기계가 관리자가 될 것이다."[51]

가스테프는 생산 과정 내에서 인간을 위한 공간을 원했던 노동자와 다른 지식인 들의 반발에 직면해 그의 무모한 기술 유토피아적인 상상의 비행을 절제해야 했다. 그러나 생산성을 빠르게 증가시켜야 하는 강력한 압력 때문

49 Richard Stites, *Revolutionary Dreams: Utopian Vision and Experimental Life in the Russian Revolution* (New York: Oxford University Press, 1991), p. 152.

50 Stites, 같은 책, p. 151에서 재인용.

51 Kendall E. Bailes, "Alexei Gastev and the Soviet Controversy over Taylorism, 1918-24," *Soviet Studies*, 29(3) (July 1977), p. 378에서 재인용.

에 소비에트 테일러주의자가 궁극적으로 승리를 했고, 대규모 국가 주도의 산업화와 관료적 관리가 새로운 사회주의 주체를 창조하는 수단이 되었다. 정책이 모호한 레닌의 언어로 표현되었지만 – 마지막 분석에서 테일러주의는 노동자의 부담을 경감시키는 수단이었다 – 노동자들은 테일러가 묘사했던 것보다 더 많이 노동자의 자율성을 희생시키면서 노동 규율을 강화하기 위한 수단으로서 테일러주의를 경험했다. 프롤레타리아 민주주의를 위해 싸우고 희생했던 그 노동자들은 노동의 기계적인 조직에 격렬한 반대로 대응했다. 아나키즘 역사가 폴 애브리치(Paul Avrich)에 따르면, 반체제적인 크론시타트(Kronstadt)의 노동자와 선원 들은 볼셰비키 정부에 대한 불만 가운데 하나로 '테일러 시스템'을 꼽았다.[52]

1930년대의 대숙청 시기에 가스테프와 다른 많은 테일러주의 유토피안들이 선호했던 방식은 소비에트 산업 정책으로 여전히 남아 있었지만, 그들은 스탈린(Joseph Stalin) 치하에서 소외되고 처형당했다. 스타이츠가 묘사하듯이, "테일러주의의 가장 거칠고 가혹한 요소들만 유지되었지만, 마치 꿈 같은 특성과 열망은 빼앗기고 노동 착취의 도구가 되었다".[53] 스탈린의 첫 번째 5개년 계획에 따라 건설된 마그니토고르스크(Magnitogorsk)의 거대한 공업 중심지는 기술과 사회에 대한 이러한 지배적인 이론을 상징했다. 레닌 아래에서 소비에트의 효율성과 생산성은 노동 조건과 프롤레타리아 정치에 비해 약하게 평가되었지만, 스탈린의 프로그램은 산업 발전을 단순히 사회주의와 **동의어**로 보았다.[54] 따라서 계급 투쟁이 작업 현장을 벗어나서 자본

---

52 Paul Avrich, *Kronstadt, 1921* (Princeton: Princeton University Press, 1970), p. 29.

53 Stites, *Revolutionary Dreams,* p. 164.

54 Stephen Kotkin, *Magnetic Mountain: Stalinism as a Civilization* (Berkeley: University of California Press, 1995), p. 32.

주의 세계와의 경쟁으로 굴절되는 동안에도, 미국의 엔지니어들이 마그니토고르스크 공업 단지를 설계한 것이나 위대한 소비에트의 산업 도시가 미국 자본주의 생산의 심장인 인디애나주 게리(Gary, Indiana)를 모델로 삼은 것은 스탈린에게 어떠한 문제도 되지 않았다.[55] 마르크스주의 철학자 루이 알튀세르(Louis Althusser)는, 이것은 스탈린이 카우츠키와 독일 사회민주당과 공유한 약점을 드러내는 것이라고 주장한다. "스탈린은 1938년 그의 텍스트가 대신 알게 해주듯이 레닌의 정책에 미치지 못하는 범위 내에서 제2인터내셔널의 정책 전통, 즉 생산관계에 대한 생산력의 우위로 되돌아갔던 것이 아닌가?"[56] 소비에트 노동자들은 그들의 입장에서 생산 지점에서 저항과 반란을 반복했다. 마그니토고르스크를 건설하는 동안 노동자들은 공사를 방해하거나 단순히 도망침으로써 어려운 조건에 반발했다.[57] 제프리 로스먼(Jeffrey Rossman)의 기록에 따르면, 첫 5개년 계획 동안 직물 노동자들의 저항은 다음과 같았다.

대중 시위, 식량 폭동, 파업, 생산 지연, 태업, 공장 집회에서의 체제 전복적인 연설, 지방 당국에 대한 폭력 행위, 당 지도자에게 보내는 서면 시위, 익명의 전단지 나눠 주기, 전복적인 상상력의 작품(주로 노래와 시)의 제작 및 유통을 포함했다.[58]

---

55 Kotkin, 같은 책, p. 38.

56 Louis Althusser, "On the Primacy of the Relations of Production over the Productive Forces," in *On the Reproduction of Capitalism: Ideology and Ideological State Apparatuses* (London and New York: Verso, 2014), p. 215. 〔루이 알튀세르, 『재생산에 대하여』, 김웅권 옮김(서울: 동문선, 2007), 325쪽〕.

57 Kotkin, 같은 책, p. 45.

58 Jeffrey Rossman, *Worker Resistance under Stalin: Class and Revolution on the Shop*

이 노동자들은 고된 노역의 제한과 기본 급료를 포함한 볼셰비키 혁명의 이상이 노동에 대한 전적인 헌신을 찬양하는 스타하노프 이데올로기(Stakhanovite ideology, 알렉세이 그리고리예비치 스타하노프(Aleksei Grigorievich Stakhanov)는 소비에트의 광부이며, 사회주의 노동 영웅이자 생산 영웅이다. 공산당원으로서 소비에트 노동자들의 목표 초과 달성과 노동 생산성 향상 운동의 상징적 인물이다 – 옮긴이)에 의해 훼손되고 있다는 이유로 저항했다.[59] 따라서 통제 실패와 테일러주의의 강화로 특징지어지는 노동 과정의 개조는 노동 투쟁의 주요한 발화점이었다. 그리고 한 세기 전 선조들과 유사하게 이 투쟁은 새로운 기계들을 부수는 것으로 나타났다.

사보타주는 소비에트 노동자에게 많은 유익이 있었다. 우선, 사보타주는 새로운 산업 장비를 중심으로 한 새로운 노동 과정에 대한 반대를 직접적으로 표명했고, 처벌로 이어질 수 있는 파업이나 시위보다 덜 공개적인 방식으로 이루어졌다. 그리고 저항이 작업 중단과 같이 더 노골적인 형태를 취했을 때도 사보타주는 전체 노동자들 사이에서 규율을 강화하는 수단이 되었기 때문에 중요한 부분이었다. 파업 대체 예비 인력은 종종 기계가 무용지물이 되어 있는 것을 발견했고, 젊은 노동자들 사이에 충격 노동자단(shock-work brigades, 러시아어로 Udarnik이라고 불리는, 소비에트, 동구권 및 기타 공산주의 국가에서 매우 생산적인 열성 노동자들을 가리키는 말. 1929년 소련 공업화를 주도하던 청년 노동자 운동이 시작되면서 등장한 용어이다 – 옮긴이)과 경쟁하는 노동자들이 전반적인 작업 속도를 압박할 때 그들도 장비가 파괴된 것을 발견했다. 로스먼은 "타이코보(Teikovo), 비추가(Vichuga), 야로슬라블(Yaroslavl)에서

Floor (Cambridge, MA: Harvard University Press, 2005), p. 6.

59 Rossman, 같은 책, p. 150.

정체불명의 '계급의 적들' – 틀림없이 베테랑 직공들 – 이 '최고의 직조공과 감독자 대회'에 참여한 이들의 직조기를 사보타주했다"고 언급한다.[60]

발터 베냐민의 이견

발터 베냐민(Walter Benjamin)은 에세이와 철학적 저술을 통틀어 그의 시대의 마르크스주의에 만연한 진보 개념에 대한 영원한 비판자로 남아 있었다. 예를 들어, 『아케이드 프로젝트(*Arcades Project*)』에서 베냐민은 "진보 이념을 자체 내에서 무효화해 온 역사 유물론을 제시하고자" 했다.[61] 그러나 베냐민은 원초주의자도 아니고 낭만주의자도 아니었다. 특히 미디어와 문화 생산의 새로운 기술에 관한 한 베냐민은 낙관적이었고, 유명한 에세이 「기술 복제 시대의 예술 작품(The Work of Art in the Age of Mechanical Reproduction)」에서 대중과 예술 사이의 거리를 없애고 일상의 우연성을 드러내는 사진과 영화의 능력에 경탄했다.

영화는 우리 주위의 사물들을 클로즈업해 보여주거나, 우리에게 익숙한 소도구에서 숨겨진 세부 모습을 부각하면서, 또한 카메라를 훌륭하게 움직여 평범한 주위 환경을 탐구함으로써 한편으로 우리의 삶을 지배하는 필연성에 대한 통찰을 증가시켜 주는가 하면, 다른 한편으로 우리가 전혀 상상하지 못했던 엄청난 유희 공간을 확보해 준다.[62]

---

60 Rossman, 같은 책, p. 125.

61 Walter Benjamin, *The Arcades Project* (Cambridge, MA: Harvard University Press, 1999), p. 460. [발터 베냐민, 『아케이드 프로젝트 1』, 조형준 옮김(서울: 새물결출판사, 2005), 1051쪽].

62 Walter Benjamin, "The Work of Art in the Age of Mechanical Reproduction," in *Illumin-*

마찬가지로, 출판 기술의 확산은 "필자와 독자의 차이가 근본적으로 그 의미를 상실하게 되었다"는 것을 의미했다.[63] 게다가 베냐민은 문화 작품에 얽매인 부르주아의 '역량'이라는 주제넘음은 새로운 기술에 의해 해체되어야 하며, 더 많은 노동자를 지적 생산의 영역으로 끌어들여야 한다고 주장했다.[64]

이러한 견해는 베냐민의 대화 상대로서 복제 기술을 통한 문화 생산, 특히 음악의 가치 저하에 대해 폭넓게 썼던 테오도어 아도르노에게 충격을 주었다. 자주 인용되는 아도르노의 기술적 반감보다 더 중요한 것은 음악가들이 녹음에 맞서 싸웠다는 사실이다. 그들은 녹음이 자신을 불필요하게 만든다고 인식했다. 샌프란시스코(San Francisco)에서 극장은 오케스트라를 고용하지 않는다는 이유로 반복적으로 악취 폭탄의 공격을 받았다. 세인트루이스(St. Louis)에서는 노조를 결성한 음악가들이 그들을 대체한 바이터폰〔vita-phone, 디스크식 발성 영화기로서 유성 영화에서 소리를 영상과 동조시키는 방식이다. 1926년부터 1931년까지 워너 브라더스(Warner Bros.)와 자매 스튜디오인 퍼스트 내셔널 픽처스(First National Pictures)가 제작한 장편 및 단편 영화에 사용해 사운드 영화 시대를 연 사운드 필름 시스템이다 – 옮긴이〕 사운드 필름 장비를 손상시키는 시한폭탄을 설치했다.[65]

---

ations: *Essays and Reflections*, ed. Hannah Arendt, trans. Harry Zohn (Boston: Houghton Mifflin Harcourt, 1968), p. 236. 〔발터 베냐민, 「기술복제시대의 예술작품」, 『기술복제시대의 예술작품/사진의 작은 역사 외』, 최성만 옮김(서울: 길, 2007), 138쪽〕.

63 Benjamin, 같은 글, p. 232. 〔129쪽〕.

64 Walter Benjamin, "Author as Producer," *Understanding Brecht* (London and New York: Verso, 〔1966〕 1998), p. 95. 〔발터 베냐민, 「생산자로서의 작가」, 『브레히트와 유물론』, 최성만 옮김(서울: 길, 2020), 384쪽〕.

65 Gary D. Rhodes, *The Perils of Moviegoing in America: 1896-1950* (New York: Con-

---

기계에 대한 열광으로 고취된 이데올로기 형태인 파시즘이 승리를 거두며 유럽 전역을 행진하자, 베냐민은 독일 사회주의의 역사적 실패를 평가하려고 했다. 죽기 직전인 1940년에 글을 쓰면서, 그는 생산 기술의 추가적인 발전과 연관된 진보에 대한 믿음에서 본질적인 실수를 발견했다.

자신들이 시대의 물결을 타고 간다는 견해만큼 독일 노동자 계급을 타락시킨 것은 없다. 기술의 발전이 그 계급에게는 그들이 타고 간다고 생각하는 흐름의 낙차로 여겨졌다. 여기서부터, 기술의 진보 과정 속에 있는 공장 노동이 정치적 업적을 나타낸다고 생각하는 환상에 이르는 것은 단 한 걸음이면 족하다.[66]

미카엘 뢰비(Michael Löwy)가 바로 이 텍스트에 대한 연구에서 기술한 바와 같이, 베냐민은 제2인터내셔널 전략의 '특유의 신조'를 공격한다. 그 전략은 사회주의의 승리는 빠르게 확대되는 대차 대조표, 즉 "선형적이고, 거스를 수 없으며 '자동적인' 진보 운동 속에서 생산력, 노동자 운동의 기득권, 다수의 당원과 유권자를 한꺼번에 양적으로 축적할 것"을 의미했다.[67]

역사학자 메리 놀런(Mary Nolan)은 베냐민의 변증법적 전도(轉倒)를 지지하는 양 대전 사이의 독일의 초상을 스케치한다. 그녀는 진화적 신념이 바이마르 시대에 남겨진 파편화된 독일의 많은 부분을 지속적으로 특징짓고 있

---

tinuum, 2012), pp. 109~110.

66 Walter Benjamin, "Theses on the Philosophy of History" (1942), in *Illuminations.* 〔발터 베냐민, 「역사의 개념에 대하여」, 『역사의 개념에 대하여/폭력비판을 위하여/초현실주의 외』, 최성만 옮김(서울: 길, 2008), 340~341쪽〕.

67 Michael Löwy, *Fire Alarm: Reading Walter Benjamin's "On the Concept of History"* (London and New York: Verso, 2016), p. 70. 〔미카엘 뢰비, 『발터 벤야민: 화재경보 ─ 「역사의 개념에 대하여」 읽기』, 양창렬 옮김(서울: 난장, 2017), 137쪽〕.

다고 언급한다. "독일 사회민주당의 통일 이론은 루돌프 힐퍼딩(Rudolf Hil-ferding)이 제공한 카우츠키 정통주의의 업데이트된 버전이었으며, 경제 결정론과 카우츠키 원전의 정치적인 수동성을 보여주었다."[68] 그리고 독일 공산당(Kommunistische Partei Deutschlands: KPD)이 포드주의와 테일러주의의 기술을 착취 증대로 비판하는 동안에도, "공산주의자들은 자본주의에 기여한 동일한 기술이 또한 사회주의에 기여할 수 있다고 똑같이 확신했다".[69] 궁극적으로, "제2인터내셔널과 제3인터내셔널이 공유하는 생산주의와 기술 결정론은 고도로 합리화된 생산 형식 외에는 어떠한 생산 형식도 상상할 수 없는 공유된 무능으로 이어졌다".[70]

그러한 합리화된 작업은 작업장에서 지배 구조를 재생산했을 뿐만 아니라 또한 노동자의 건강과 복지에도 해로웠다. 놀런은 합리화 이후에 부상과 질병, 특히 '신경 질환'이 급증했다고 지적한다.[71] 그리고 과정들이 점차 효율적으로 되어 사람들을 일자리에서 내쫓으면서 합리화 정책을 계속 뒷받침했던 사회주의 정치가들은 당원들 사이에서 정당성을 잃었고 바이마르 사회민주주의를 향한 전반적인 분노로 이어졌다. 지도자들이 새로운 기술의 효과에 대해 애매한 말을 하는 동안, 노동자들은 점점 더 하나의 적대적인 목소리를 내고 있었다.[72]

베냐민에 따르면, 혁명적 계급은 역사의 진행 과정에서 자연스럽게 성장

68 Mary Nolan, *Visions of Modernity: American Business and the Modernization of Germany* (Oxford: Oxford University Press, 1994), p. 25.

69 Nolan, 같은 책, p. 41.

70 Nolan, 같은 책, p. 82.

71 Nolan, 같은 책, p. 168.

72 Nolan, 같은 책, p. 231.

하기보다는 '역사의 연속체를 폭파'해야 한다. 사실 이 역사는 진보의 이야기나 심지어 일련의 사건들이 아니라 "잔해 위에 또 잔해를 쉼 없이 쌓이게 하고 또 이 잔해를 우리들 발 앞에 내팽개치는 단 하나의 파국"이다.[73] 다른 곳에서 베냐민은 이 점에 대해 훨씬 더 분명하게 말한다. "마르크스는 혁명이 세계사의 기관차라고 말했다. 그러나 어쩌면 사정이 그와는 아주 다를지 모른다. 아마 혁명은 이 기차를 타고 여행하는 사람들이 잡아당기는 비상 브레이크일 것이다."[74] 여기서 **감속주의자** 베냐민이 공개적으로 등장한다. 기술은 혁명적 돌파구로 이어지지 않으며 혁명이 반드시 새로운 기술적 발전에 박차를 가하는 것도 아니다. 오히려 베냐민은 혁명을 파국의 중단으로 재인식한다. 혁명은 혁명의 궤도에서 '진보'를 멈추게 한다.

제2인터내셔널이 그 명운을 걸었던 기술적 진보에 대한 신념이 아니라면 무엇이 이 혁명적 행위에 동기를 부여할 것인가? 베냐민은 마르크스와 엥겔스기 1848년 의기양양했던 시실에 했던 섯저럼 무르수아에 의해 성취된 경이로움을 보지는 않지만, 영감을 얻기 위해 과거를 바라본다. 대신에 베냐민은 계급 투쟁을 바라본다. 그 투쟁이 패배와 파국의 하나일 수 있지만, 투쟁은 '섬세하고 정신적인' 특성들을 현재에 물려주었다.

그것들은 확신, 용기, 유머, 간계, 불굴의 투지로 이 투쟁 속에 살아 있으며, 먼

73 Walter Benjamin, "On the Concept of History," in *Selected Writings,* vol. 4, *1938-1940,* ed. Howard Eiland and Michael W. Jennings, trans. Edmund Jephcott et al. (Cambridge, MA: Belknap, (2003)), p. 392. 〔베냐민, 「역사의 개념에 대하여」, 345쪽〕.

74 Walter Benjamin, "Paralipomena to 'On the Concept of History'," in *Selected Writings,* vol. 4, *1938-1940,* ed. Howard Eiland and Michael W. Jennings, trans. Edmund Jephcott et al. (Cambridge, MA: Belknap, (2003)), p. 402. 〔발터 베냐민, 「「역사의 개념에 대하여」 관련 노트들」, 『역사의 개념에 대하여/폭력비판을 위하여/초현실주의 외』, 356쪽〕.

과거에까지 영향을 미친다. 일찍이 지배자의 수중에 떨어졌던 모든 승리를 새로이 의문시할 것이다.[75]

뢰비는 분명히 말한다.

베냐민이 과거에서 관심을 기울인 것은 생산력의 발전, 생산력과 생산관계의 모순, 소유 형태나 국가 형태, 생산 양식의 진화 같은 마르크스 저작의 기본 테마들이 아니라 억압하는 자와 억압받는 자 사이의, 착취하는 자와 착취당하는 자 사이의, 지배하는 자와 지배당하는 자 사이의 결사 투쟁이다.[76]

여기서 베냐민은 워블리 사보타주 지지자와 유사한 소리를 낸다. 자본주의와 자본주의의 폭력으로부터의 구원은 자본주의의 장치를 단순히 전유하는 데서 나오지 않는다. 그는 대신에 구원은 그들의 상황에서 그 장치와 싸웠던, 부수고 작동하지 못하게 만들고 사보타주했던 – 비상 브레이크를 잡았던 – 이름 없는 사람들의 침전된 경험의 결과로 열매를 맺는다고 제안한다. 이것은 미래의 해방을 위한 원재료이다.

---

75 Benjamin, "On the Concept of History," p. 390. 〔베냐민, 「역사의 개념에 대하여」, 333쪽〕.
76 Löwy, *Fire Alarm*, p. 38. 〔뢰비, 『발터 벤야민: 화재경보』, 83쪽〕.

3

자동화에 대항하여

자동화란 무엇인가? 우리가 보았듯이, 기계는 수 세기 동안 인간의 작업 과정을 복제하고 증강시켜 왔으며, 그것이 현재 흔히 일상적으로 '자동화' 라는 용어를 사용하는 방식이다. 그러나 '자동화'는 포드 자동차 회사(Ford Motor Company)의 생산 부사장이었던 델마 하더(Delmar Harder)가 자동화 부서를 만들었던 1947년까지는 이러한 과정을 묘사하기 위해 사용되지 않았었다. 그 부서의 엔지니어들은 자동차 생산을 재설계해 재료가 한 공정에서 다른 공정으로 자동으로 전달되도록 해 노동자들이 기계를 싣고 내릴 필요를 제거했다.[1] 게다가 그 과정 자체가 타이머와 스위치와 계전기의 시스템 — 기술 역사가 데이비드 하운셀(David Hounsell)은 '전자기계 두뇌(electromechanical brain)'라고 불렀다 — 을 통해 통제되는 기계였다.[2]

---

1 David Hounsell, "Ford Automates: Technology and Organization in Theory and Practice," *Business and Economic History*, 24(1), papers presented at the forty-first annual meeting of the Business History Conference (Fall 1995), p. 69.

2 David Hounsell, "Planning and Executing 'Automation' at Ford Motor Company, 1945-1965: The Cleveland Engine Plant and its Consequences," in *Fordism Transformed: The Devel-*

자동화와 관련된 기술 대부분은 포드의 생산 공정에 그 기술이 결합되기 수년 전에 이미 다른 산업에서 개발되고 사용되고 있었다. 자동화를 새롭게 만든 것은, 자동차 산업 노동자들의 역사적 불안의 시기에 특히 1945년 5월 포드의 거대한 리버 루지(River Rouge) 공장에서 값비싼 대가를 치른 24일간의 파업이 있은 직후 그 기술이 포드의 제조 전략에 핵심으로 등장했다는 사실이었다. 새로운 기술은 제어하기 어려운 노동력을 극적으로 감소시킬 뿐만 아니라 포드로 하여금 클리블랜드(Cleveland)와 버펄로(Buffalo)에 새로운 자동화된 공장을 열면서 생산을 혼란스럽고 불안한 디트로이트(Detroit)로부터 탈중심화할 수 있게 해주었다.[3] 노동자들은 즉각적으로 그러한 위협을 인식했으며, 자동화는 처음부터 매우 정치적인 이슈였다.

오늘날, 헤드라인은 종종 반(反)이민 레토릭을 연상시키는 언어로 노동자를 대체하는 자동화의 잠재력에 대해 소리친다. 로봇이 일자리를 '빼앗거나' '훔칠' 징후를 보이고 있다. 심지어 웹사이트 willrobotstakemyjob.com에 가서 특정 직업을 입력해 그러한 도둑질의 가능성에 대한 통계를 얻을 수 있다. 작가는 단 3.8%의 확률 – "완전히 안전하다" – 을 가지고 있지만, 기계공은 놀랍게도 65%의 확률을 마주하고 있다. 그 사이트는 "로봇이 지켜보고 있다"고 경고한다. 이 수치는 널리 인용되는 경제학자 카를 베네딕트 프라이(Carl Benedikt Frey)와 컴퓨터 과학자 마이클 오스본(Michael Osborne)의 2013년 보고서에서 나온 것으로, 그 보고서는 미국 전체 고용의 47%가 2034년까지 자동화될 것이라고 결론지었다.[4]

opment of Production Methods in the Automobile Industry, ed. Haruhito Shiomi and Kazuo Wada (Oxford University Press, 1996), p. 70.

3 Nelson Lichtenstein, The Most Dangerous Man In Detroit: Walter Reuther And The Fate Of American Labor (New York: Basic Books, 1995), p. 290.

급진 좌파에 관해 글을 쓴 많은 이는 자동화에 대한 이러한 프레이밍을 받아들였으며, 심지어 그것의 함의를 확대하고 우회해 '완전 자동화'를 자본주의적 착취의 탁월성에 핵심적인 것으로 만들었다. 『미래를 발명하기 (Inventing the Future)』에서 알렉스 윌리엄스(Alex Williams)와 닉 스르니첵(Nick Srnicek)은 "완전 자동화 없이 포스트 자본주의의 미래는 필연적으로 원시주의적인 디스토피아에 의해 표상되는 (소비에트 러시아의 노동 중심성을 반영하는) 자유를 희생하는 풍요 또는 풍요를 희생하는 자유 사이에서 선택해야 한다"고 주장한다.[5] 포스트 자본주의, 유토피아, 디스토피아의 조합을 구현하는 피터 프레이즈(Peter Frase)의 『네 가지 미래(Four Futures)』는 '완벽한 자동화'를 '(그) 방정식의 상수'로 간주한다.[6] 아론 바스타니의 『완전히 자동화된 화려한 공산주의(Fully Automated Luxury Communism)』는 이러한 발상을 한계까지 밀어붙여서 인간의 착취 없이 제공되는 재화와 서비스의 풍요에 의해 보완된 모두를 위한 무한한 여가의 미래를 약속한다. "우리는 그 어느 때보다 더 많을 세상을 볼 것이며, 듣도 보도 못한 음식을 맛보고, 원하면 오늘날 억만장자처럼 호사를 누려 삶의 가능성을 온전히 실현할 것이다."[7]

그러한 프레이밍은 특히 막다른 직업에 갇혀서 불안정한 삶을 겨우 살아

4   Carl Benedikt Frey and Michael A. Osborne, "The Future of Employment: How Susceptible Are Jobs to Computerization," Oxford Martin School Working Paper, September 2013.

5   Nick Srnicek and Alex Williams, *Inventing the Future: Post-capitalism and a World without Work* (London and New York: Verso, 2015), p. 253.

6   Peter Frase, *Four Futures: Life after Capitalism* (London and New York: Verso, 2016), p. 42.

7   Aaron Bastani, *Fully Automated Luxury Communism* (London and New York: Verso, 2019), p. 189. 〔아론 바스타니, 『완전히 자동화된 화려한 공산주의: 21세기 공산주의 선언』, 김민수·윤종은 옮김(서울: 황소걸음, 2020), 260~261쪽〕.

가는 우리에게 단순하기도 하면서 매력적이기도 하다. 만약 우리와 동료 노동자가 아니라 로봇이 이러한 과업을 수행하고 기술 생산성이 널리 확산된다면, 아마도 우리는 부자처럼 삶을 살 수 있을 것이다. 2000년대 후반에 인터넷에 떠돌던 저급한 배너 광고들처럼, '한 이상한 속임수'를 가진 만족스러운 평등 사회를 가질 수 있을 것이다. 부르주아지는 이것을 중오할 것이다!

'완전 자동화주의자들'에게 모든 정치적 성향의 문제는, 그들의 예측이 기계가 생산 공정에 도입될 때 실제로 무슨 일이 일어나는지에 대한 잘못된 이해에 의존한다는 것이다. 다른 말로 해서, '완벽한 자동화'는 실제로 존재하는 기계화와는 별 상관이 없다. 경제학자 데이비드 오터(David Autor)는 2015년 논문인 「왜 아직도 그렇게 많은 일자리가 있는가?(Why Are There Still So Many Jobs?)」 – 이 푸념하는 듯한 제목은 존 메이너드 케인스(John Maynard Keynes)의 주당 노동 시간이 줄어든 장밋빛 미래 예측에 대한 반응이다 – 에서 이러한 실수를 바로잡을 유용한 방안을 제시한다. 오터가 설명하듯이, 자동화는 단순히 인간의 일자리를 기계적 과정으로 대체하는 것이 아니라 복잡한 방식으로 노동에 영향을 미친다.

> 기술의 변화는 가용한 직업의 유형과 그 직업들이 어떤 수익을 내는지를 변화시킨다. 지난 수십 년 동안 눈에 띄는 한 변화는 노동 시장의 '양극화'로서, 임금 증가가 소득과 숙련의 분배에 있어서 중간층은 아니고 상위층과 하위층에 불균형적으로 진행된 것이다.[8]

---

8   David H. Autor, "Why Are There Still So Many Jobs? The History and Future of Workplace Automation," *Journal of Economic Perspectives*, 29(3) (2015), pp. 3~30.

따라서 자동화는 노동력을 재구성해, 작업을 분리 및 재배치하고, 직무 내용을 변경하며, 중간층 일자리들을 도려낸다.

왜 자동화는 일자리를 완전히 대체하는 대신에 양극화하는가? 첫째로, 많은 일자리는 자동화를 거부하는 노동을 요구한다. 컴퓨터는 프로그래머가 설계한 지시를 따라야 하기 때문에 노동자를 컴퓨터로 대체하기 위해서는 노동자의 과업이 이해되고 분명하게 표현되어야 한다. 그러나 노동 과정의 많은 부분은 노동자가 분명하게 표현할 수 없는 암묵적인 지식에 포함되어 있다. "컴퓨터 프로그래머도 그 밖의 어느 누구도 명시적인 '규칙'이나 과정을 밝힐 수 없는 과업들이 있다."[9] 과업을 알고 있어도 그 과업을 자동화하는 것은 말이 쉽지 실행하기는 어렵다. 한편, 컴퓨터는 관리직에 요구되는 높은 수준의 추상적 사고를 복제할 수 없다. 다른 한편, 음식 준비와 유지 보수의 서비스 부문 직업과 같은 수작업과 유연성을 요구하는 일자리는 자동화하기 이려우며 동시에 엄청난 비용이 든다.

예를 하나 들어보자. 2018년 3월 패스트푸드 체인 캘리버거(CaliBurger)의 패서디나(Pasadena) 매장에서 햄버거를 뒤집는 로봇인 플리피(Flippy)가 엄청난 팡파르와 수많은 헤드라인을 장식하며 출시되었다. 그 의미는 분명했다. 이것이 초급 수준 저숙련 직업의 마스코트인 패스트푸드 일자리의 종말을 의미했을까? 결코 아니다. 플리피는 하루만 일을 하고 철수했으며, 이 사건에 대한 언론 보도는 훨씬 적었다. 캘리버거의 소유주들은 플리피의 실패를 그들의 인간 고용인 탓으로 돌리는 명예로운 길을 택했다. 노동자들이 여러 재료를 넣어 햄버거를 마무리하는 것과 같은 작업을 너무 느리게 해서 플리피가 완성한 재료가 적체되게 만들었다는 것이다. 그러나 이전에 몇몇 통찰

---

9   Autor, 같은 글, p. 11.

력 있는 저널리스트들은 로봇에게 그 이름을 부여한 비교적 단순한 작업에서 플리피가 저지른 수많은 오류를 언급했었다. 그리고 또 하나의 완전 자동화의 꿈이 엉망인 현실과 충돌하는 꼴이 되었다.[10]

오터에 따르면, 현재 '인공지능'으로 과대 선전되는 것과 같은 새로운 종류의 정보 및 통제 기술의 도입은 관리 업무를 보완하고, 이에 따라 상관의 권력과 임금을 증가시킨다. 다른 한편, (플리피의 동료들과 같은) 육체노동자들은 직무가 잠식당하고 움직임이 더 고정된 기계를 위한 공간을 마련하기 위해 재조직되고 통제되는 것을 본다. 임금과 노동 조건은 악화된다. 그러나 그때도 자동화는 '완전'에 미치지 못한다. 앞으로 보게 될 것처럼, 그러한 시스템은 거의 제거할 수 없는 인간 노동층에 의존한다. 이것은 가장 강력한 인공지능만큼이나 플리피에게도 해당된다.

대체 가능한 경향이 있는 것은 가장 낮은 단계에 있는 것이 아니라 반복적인 육체노동을 요구하는 일자리 그리고 이를 실행하는 중간 관리직이다. 예를 들어, 아마존의 창고는 개별 상품을 선택하는 인간 노동자와 대형 선반을 움직이는 로봇을 조정하는 소프트웨어 통제 시스템을 사용한다. 알고리즘은 작업장을 관리하는 중간 소득 일자리를 대체해, 점진적으로 부유하고 권력 있는 경영진과 기계가 아니라 다른 인간들에 의해 대체 가능한 점진적으로 지위 상실되는 노동자들로 양극화된 노동 구성으로 이어진다. 다시 말해, 그들은 실로 대체 가능하다.

이것을 표현하는 다른 방식은 이탈리아 노동자주의(operaismo)의 언어를 사용하는 것이다. 그 언어는 반세기 전에 토리노(Torino) 자동차 공장의 방

---

10 Jefferson Graham, "Flippy the burger-flipping robot is on a break already," *USA Today*, March 9, 2018.

대하고 사나운 노동자들에게 새로운 기술이 갑자기 덮쳤을 때 이들의 운동을 매우 신중하게 추적했던 언어이다. 오터가 '양극화'라고 묘사한 현상의 일부는 노동자주의자의 계급 투쟁의 언어에서 '노동 계급의 분해'로 표현되었다.[11] 노동 과정을 재조직하는 것은 노동자가 감독관에 대항해 스스로를 조직했던 방식을 파괴하는 강력한 길이었다. 자동화가 구현되는 곳마다 자동화는 공식적인 노동 지도부와 무관하게 노동자가 주도하는 전투적인 조사 연구에 의해 뒷받침되는 강력한 저항에 부딪혔다.

1956년 5월, 영국 의회는 코번트리(Coventry)에 있는 스탠다드 자동차 회사(Standard Motor Company)에서 산업 분쟁에 대한 논의를 시작했다. 노동자들은 새로운 자동화 기술의 채택으로 불필요해진 3000명의 피고용인이 해고될 것이라는 회사의 발표에 분노해 일주일 넘게 파업을 해왔다. 의회의 일부 의원들은 토리당 노동부 장관인 이언 매클라우드(Iain Macleod)에게 "산업에 자동화를 도입하는 것이 조직화된 노동자들 사이에서 심각한 불안을 야기한다는 것을 알고 있었는가?"라고 날카로운 질문을 던졌다. 매클라우드는 '국가의 번영과 행복'에 대한 자동화의 기여에 호소하고 자동화가 일자리에 끼치는 임박한 충격에 대해서는 아무렇지 않게 무시하면서, 상투적인 말로 이러한 우려를 누그러뜨리려 시도했다. 그는 "그것은 정부가 환영하는 일이며, 우리의 미래 효율성과 그에 따라 완전 고용의 지속에 필수적인 산업의 양측에 대해 책임 있는 의견입니다"라고 답했다.[12] 이에 대한 응답으로, 노동당 의원 윌리엄 오언(William Owen)은 타협적인 의견을 표명했다.

---

11 Harry Cleaver, *Reading Capital Politically* (San Francisco: AK Press, 2000), pp. 115~117 참조.

12 "Automation," Oral Answers to Questions, House of Commons Debate, May 8, 1959, available at api.parliament.uk.

장관은 조직화된 노동자들이 오늘날 러다이트 운동의 철학에 결코 한정되는 것이 아니라 현대 산업에서 새로운 기술 발전을 환영한다는 것을 알고 있습니까? 그러나 그들은 장관이 지적한 것처럼 정부의 협력과 함께 산업 양측 간의 실질적인 빠른 협의의 가능성이 없는 한 새로운 기계의 개연성 있는 경제적 및 사회적 효과에 대해 심각하게 우려하고 있습니다.[13]

오언은 코번트리의 파업 노동자들이 정부 정책의 도움을 받아 일자리를 유지한다면 기꺼이 새로운 기술을 채택할 가능성이 있다고 묘사했다. 그러한 조치는 나오지 않을 것이다. 스탠다드 자동차 회사의 파업이 어렵게 해결된 지 두 달도 안 되어, 브리티시 자동차 회사(British Motor Company)는 6000명의 노동자를 즉각 해고하겠다고 발표했다. 아마도 러다이트 운동의 철학에 동의했던 노동자들이 결국 옳았을 것이다.

영국 해협을 건너 프랑스에서 이론가이자 자유 지상주의 사회주의 그룹 '사회주의인가 야만인가(Socialisme ou Barbarie)'의 공동 창시자인 코르넬리우스 카스토리아디스(Cornelius Castoriadis)는 이 사건을 면밀히 관찰했다. 이 투쟁의 두 가지 요소가 그에게 두드러졌다. 첫째, 자동화는 계급 투쟁의 새로운 국면, 즉 "생산 영역에서 인간의 제거"라는 궁극적인 목적 – 계급 투쟁의 과정에 결정적인 영향력을 행사했음에도 불구하고 카스토리아디스는 궁극적으로 불가능하다고 믿었던 목적 – 과 함께 "생산의 원천적 힘으로 간주되는 노동에 대한 자본의 공세"에 해당했다.[14] 둘째, 그는 파업이 노동조합(trade union)의 지

---

13 같은 글.

14 Cornelius Castoriadis, *Political and Social Writings*, vol. 2, trans. and ed. David Ames (Minneapolis: University of Minnesota Press, 1988), p. 35.

도권을 위배하면서 노동자들과 그들이 선택한 대표들, 즉 노조 대표들(shop steward)로부터 발생했다고 언급했다.

경영진과 노조 지도부 모두에 대항한 자발적인 노동자 행동이라는 이 후자의 요인은 전후 시기의 자동화에 대한 투쟁을 특징지을 것이다. 노조가 신중하고 인내하라고 조언하는 동안, 노동자들은 거의 주의를 기울이지 않고 작업 현장에서 나와버리고 기계를 파괴했다. 그리고 자동화에 반대하는 선봉에는 종종 공식적인 노동자 운동에서는 소외되었던 사람들이 있었다. 그들은 새로운 기술에 대한 가장 지속적인 비판적 지식을 생산한 여성과 아프리카계 미국인 들이었다.

통제로서의 자동화

카스토리아디스가 코번트리에서 수목했던 기계와의 싸움은 제2차 세계대전 동안 산업 경제의 극적인 구조 조정의 일부로서 10년 이상 전에 시작되었다. 그 용어는 전쟁이 끝날 때까지 널리 사용되지 않았지만, 자동화의 큰 승리는 중공업에 필요했던 숙련된 기계공을 대체할 수 있는 수치 제어 공작 기계의 발전과 함께 시작되었다. 매클라우드와 같은 자동화 옹호자들은 새로운 방법이 가져온 '효율성'의 이점을 지적했지만, 그 과정에 대한 데이비드 노블의 역사적 연구는 다른 이야기를 한다. 자동화의 도입은 드와이트 아이젠하워(Dwight Eisenhower)가 나중에 '군산 복합체'라고 이름 붙인 전쟁 경제의 특권을 통해서 일어났다. 이것은 상업적 가치가 아닌 군사적 가치가 새로운 형태의 생산에 영향을 미쳤다는 것을 의미했다.

첫째는 군사 임무의 요건을 충족시키기 위해 비용보다는 성능을 강조했다. 그다음으로 중간 오류나 판단에 의해 위협받지 않는 명령의 강요, 정확한 사양, 소통, 명령의 실행이 있었다. 마지막으로는 성능과 명령 목표를 보증하고 그에 따라 임무의 성공을 보장하기 위해 현대적인 방법, 첨단 기술, 자본 집약성에 몰두하는 것이었다.[15]

달리 말해, 전시(戰時) 수요와 임금 통제가 기업의 금고를 가득 채웠지만, 전쟁 중 생산의 우선순위는 시간을 아끼거나 이익을 늘리는 것이 아니라 지속성과 통제였다. 기계공들 사이에서 인기 있는 자동화의 대안적 형태인 '레코드-플레이백'은 효율적이었지만 결코 진정으로 추구되지 않았다. 수치제어와는 달리 레코드-플레이백 방법은 기계공의 정확한 움직임을 저장하는 아날로그이기 때문에 여전히 숙련된 손이 필요했다. 경영진은 효율성을 추구하기보다는 기계공으로부터 생산 통제권을 빼앗으려 했다.[16]

군사 계획자와 산업가 들은 전쟁 중에 전면적인 통제의 필요성을 절실히 느꼈다. 1940년대 미국의 노동 인구는 매년 파업의 횟수가 대공황 당시 도달한 이전 최고치를 넘어서면서 통제 불능의 정점에 도달했다. 평균적으로, 포드 공장은 이틀에 한 번씩 파업 활동을 경험했다. 그리고 이러한 파업은 이중적인 저항의 형태였다. 한편으로는 파업을 금지하는 전시법에 대한 저항이었고, 다른 한편으로는 불만을 억제하려는 노동조합의 서약에 대한 저항이었다. 게다가 자동화에 대한 노동자의 반란이 노조의 인정을 받지 않는 파업으로 특징지어지는 명백한 유형이 등장했다.[17]

---

15 David F. Noble, *Forces of Production: A Social History of Industrial Production* (New York: Oxford University Press, 1986), p. 5.

16 Noble, 같은 책, pp. 83~84.

17 Noble, 같은 책, pp. 22~23.

기계에 대한 절대적인 통제의 필요성이 당시 과학계에 스며들었고, 과학계 자체가 과학 연구 개발국(the Office of Scientific Research and Development)을 통해 군에 의해 조정되었다. 한 새로운 연구 분야가 자기 조절되는 기계의 미래를 예고하는 메커니즘의 덮개를 벗겨냄으로써 다양한 과학 및 공학 분야에 걸쳐 이 퍼즐을 해결하겠다고 약속했다. 그것은 사이버네틱스였다. '조타수(steering)'를 뜻하는 그리스어에서 유래한 사이버네틱스는 '피드백'을 반사적으로 기계의 작동으로 통합할 수 있는 기계를 개발하려고 했다. 달리 말해, 사이버네틱스는 인간 통제의 필요성을 제거했다. 사이버네틱스라는 용어를 만들고 초기의 많은 돌파구를 마련한 수학자 노버트 위너(Norbert Wiener)는 지그재그로 움직이는 적의 조종사를 겨냥하는 데 더 효과적인 연합국의 대공 무기 개발 연구로 이 작업을 시작했다. 여기서 피터 갤리슨(Peter Galison)이 지적하듯이, 하나의 프로젝트로서 사이버네틱스는 계산적이지만 불투명한 적, 즉 '이원론적인 악마'의 행농을 어떻게 예측하는가 하는 한 구체적인 문제에 집중한다.[18] 전장에서 이것은 탱크 사령관이나 전투기 조종사를 의미할 수 있다. 공장의 맥락에서는 이 악마가 노동자일 수 있다.

위너는 정치적으로 군사적 성향을 가진 많은 동료의 좌파 쪽에 동감했으며, 그의 작업의 무서운 의미를 깨달았다. 그는 결국 일본에 대한 핵 공격 이후에 군사 연구를 포기하고, 일반 대중을 위해 쓴 책과 에세이를 통해 사이버네틱스에 대한 사회적 비판으로 방향을 틀었다. 핵 절멸의 망령을 넘어서, 위너는 사이버네틱스의 국내 사용, 즉 산업 자동화에 관심이 있었다. 위너는 이것이 노동자에게는 재앙이 될 것이라고 생각했고, 자동화는 "인류에

---

18 Peter Galison, "The Ontology of the Enemy: Norbert Wiener and the Cybernetic Vision," *Critical Inquiry*, 21(1) (Autumn 1994), p. 233.

게 자신의 노동을 수행하는 새롭고 가장 효율적인 기계 노예의 집합을 제공한다. … 노예 노동과의 경쟁 조건을 받아들이는 모든 노동은 노예 노동의 조건을 받아들이는 것이며, 본질적으로 노예 노동이다"라고 썼다.[19]

위너는 사이버네틱스가 자율 기술이 점점 더 불필요한 인간과 맞서는 상황을 만들 것이라고 믿지 않았다. 그는 자동 기계를 인공지능의 공상과학 판타지에서 유행하는 기계 대 인간이라는 **터미네이터** 스타일의 디스토피아보다는 권력자들이 다른 사람들을 통제하기 위해 사용할 수 있는 잠재적인 무기로 보았다. "그러나 진정한 위험성은 다른 곳에 있다. 즉, 기계 자체는 무력한 존재이지만 어느 한 인간이나 어떤 한 인간 무리가 나머지 인간에 대한 통제력을 증가시키는 데 이 기계를 사용할 수도 있다는 점이다."[20] 달리 말해, 자동화는 계급 전쟁의 무기가 될 것이다.

이러한 통찰력으로 무장한 위너는 미국 자동차 노동조합(the United Automobile Workers: UAW)의 노조 위원장 월터 루서(Walter Reuther)에게 편지를 보내서, 공장 자동화에 대한 자문을 위해 위너를 고용하려고 했던 산업가들의 계획을 상세히 설명했다. 비록 위너는 거절했지만, 다른 연구자들이 그 자리를 행복하게 차지하리라는 것을 알았다. 그는 루서에게 결과적으로 초래될 '재앙적인' 수준의 실업 앞에서 기회를 주고자 했다. 편지에서 위너는 루서가 찾아야 할 두 가지 대안을 제안했다. 첫째, 그는 "노동의 이익에 헌신하는 조직에 [새로운 기계의] 수익을 보장하는" 자동화 기금을 요구할 수

---

19 Norbert Wiener, *Cybernetics; or, Control and Communication in the Animal and the Machine* (Cambridge, MA: MIT Press, 1965), p. 37.

20 Norbert Wiener, *The Human Use of Human Beings: Cybernetics and Society* (Boston: Houghton Mifflin, 1950), p. 181. [노버트 위너, 『인간의 인간적 활용: 사이버네틱스와 사회』, 이희은·김재영 옮김(서울: 텍스트, 2011), 218쪽].

있다. 그러나 위너는 또한 기계 자체가 너무 위험할 수 있다는 가능성도 내비쳤다.

> 다른 한편 당신은 이러한 생각을 완전히 억압하는 것이 적절하다고 생각할지도 모릅니다. 어느 경우든, 저는 개인적인 보답에 대한 요구나 요청 없이 당신을 충실하게 지지할 용의가 있습니다. 제가 생각하기에 그것은 공공 정책의 문제일 것입니다.[21]

간헐적으로 서신을 주고받은 후, 루서는 1952년 UAW 회의에서 위너가 연설을 하도록 초청했지만, 우울증과 관련된 질환을 앓고 있던 위너는 거절했다.

존슨·포레스트 경향과 광부

노조 지도자들은 위너의 경고에 주의를 기울이는 대신 기업 엘리트들이 시작한 공격적인 캠페인에 속아서 새로운 기계를 수용하게 되었다. 자본가들은 수백만 명의 군인들이 해외에서 노동 시장으로 돌아오면서 전시의 호전성이 격렬해질까 염려해 겁을 먹었다. 그들은 1947년 태프트·하틀리 법(Taft-Hartley Act)과 같은 강제적인 법안 발의를 강행하면서 행동에 나섰지만 몇 개의 당근도 내밀었다. 기업은 임금 인상을 생산성 향상과 연계시키기 위해 미국 자동차 노동조합과 전미 탄광 노동조합(the United Mine Workers of

---

21 Norbert Wiener, letter to UAW President Walter Reuther, August 13, 1949, available at libcom.org.

America: UMWA)과 같은 주요 노동조합들과 협상했다. 이것은 기업이 어떤 새로운 기계를 도입하든지 노동 계급이 받아들일 것이며, 그럼으로써 생산 과정의 통제를 경영진에게 양도하리라는 것을 의미했다. ≪포춘(Fortune)≫ 은 그토록 순응적이었던 노조 지도자인 전미 탄광 노동조합 대표 존 루이스 (John Lewis)를 "기계 산업 역사상 최고의 세일즈맨"이라고 칭했다.[22] 심지어 새로운 기술에 대해 가벼운 의구심을 가지는 것도 진보 (그리고 기업) 성향의 비평가들 사이에서 비난을 불러일으켰다. 노동 경제학자 벤 셀리그먼(Ben Seligman)은 "분노한 한 노동 지도자가 자동화는 저주가 될 수 있다고 단언할 때마다 미국 상공회의소 소장이 그 사람은 러다이트라고 맞받아친다"고 불만을 토로했다.[23]

그러나 이 향상된 생산성은 상당 부분 생산 과정의 속도를 높인 데서 비롯되었다. '효율성'은 노동자의 신체와 실업 상태에 던져진 그들의 고통이 낳은 열매였다. 불만이 고조되고 있었다. 자동화에 대한 저항이 아래에서부터 분출되자 그것은 주요 정치 정당과 노동조합 들로부터 소외된 '사회주의인가 야만인가'와 같은 마르크스주의 단체는 그러한 저항을 문서화하고 이론화했다. 이 단체들은 그들의 과제가 생산 현장에서 실제로 존재하는 계급 투쟁을 분석하는 것이라고 여겼다. 진정한 사회주의는 관료적 노조와 자본가 들 사이의 협상을 통해 부과되는 끝없이 연기되는 여가와 풍요의 유토피아가 아니라 이러한 투쟁을 통해서만 가능했다.

미국에서는 미국 트로츠키 운동에서 갈라져 나온 과격한 노동자 그룹인

---

22 Peter Hudis, "Workers as Reason: The Development of a New Relation of Worker and Intellectual in American Marxist Humanism," *Historical Materialism*, 11(4) (January 2003), p. 270에서 재인용

23 Noble, *Forces of Production*, p. 249에서 재인용.

존슨·포레스트 경향(Johnson-Forest Tendency: JFT)이 생산 현장에서 전후의 탈바꿈과 그에 따른 충돌에 깊은 관심을 가졌다. 공장에 파견된 회원이 많이 소속해 있었던 JFT는 향상된 생산성이 노동자들이 익숙해져 있었던 작업 중단의 작은 순간들, 짧은 작업 유예 시간으로부터 짜낸 것이라고 이해했다. 그들은 『미국 노동자(The American Worker)』라는 팸플릿을 제작했는데, 이 팸플릿은 자동차 공장의 이러한 탈바꿈을 다음과 같이 묘사했다. "노동자는 더 자주 담배를 피울 수 있었다. 이제 그는 하루의 모든 시간을 도구를 지켜보고, 바꾸고, 청소하는 데 써야 한다. 휴식 시간은 더 짧아진다. 하루가 끝날 무렵 정신적으로 그리고 육체적으로 더 지친 노동자가 된다."[24]

사정은 악화되고 노조의 관료적 절차의 묵인이 지속되자, 노동자들은 노조의 인정 없이 파업에 돌입했다. 특별히 노조의 인정을 받지 않은 한 부류의 파업은 JFT의 '포레스트'의 관심을 끌었는데, 포레스트는 이전에 트로츠키(Leon Trotsky)의 개인 비서였던 작가이자 활동가인 라야 두나예브스카야(Raya Dunayevskaya)의 가명이었다. 1949년과 1950년의 여러 달 동안 광부들은 지속적인 채광기 – 광부들의 말로는 '인간 살인자' – 도입에 대한 대응으로 일을 중단하고 피켓을 들고 채광소를 폐쇄했다.[25] 그것은 자동화에 저항한 첫 번째 파업이었고, 두나예브스카야는 그 파업에서 새로운 종류의 급진적 정치의 씨앗을 보았다.

트리니다드(Trinidad)의 위대한 활동가이자 작가인 시릴 리오넬 제임스(Cyril Lionel James)의 필명인 JFT의 '존슨'은 두나예브스카야의 관점을 공유

24 Paul Romano and Ria Stone, *The American Worker* (Detroit: Bewick, [1947] 1972), available at libcom.org.

25 Hudis, "Workers as Reason," p. 273.

하지 않았다. 두나예브스카야와 결별한 후, 제임스는 그레이스 리 보그스 (Grace Lee Boggs)와 코르넬리우스 카스토리아디스와 함께 쓴 『현실을 마주 하다(*Facing Reality*)』에서 그답지 않게 기술 결정론자의 노선을 취했다. 생산 과정에서 노동자를 축출한 것은 '자살을 저지르는 시스템'을 의미했다. 제 임스에게 자동화는 노동자가 더 높은 수준의 생산 조직과 생산 통제를 할 수 있는 가능성을 의미했다.

전체로서의 생산은 생산자의 작업 현장 조직 안에서 전체로서의 그 생산자에 의 해서만 통제될 수 있다. 따라서 다른 어느 나라에서보다 미국의 산업 자동화는 '노동자 평의회 정부'를 위한 실제 조건을 창조하고 있다.[26]

두나예브스카야는 광산 소유주뿐만 아니라 협력자인 전미 탄광 노동조합 을 상대로 한 투쟁 자체를 광부들 전체의 작업에 대한 새로운 관점을 만들 어낸 것으로 보았다.

높은 임금을 요구하는 대신에, 광부들은 작업 **조건**에 관한 질문과 작업 자체의 질문 들을 함께 제기했다. 그들이 질문한 것은 "인간은 어떤 **종류**의 노동을 해야 하는가?", "왜 생각하는 것과 행동하는 것 사이에 그렇게 큰 차이가 있어야 하는 가?"였다.[27]

---

26 C. L. R. James and Grace C. Lee, *Facing Reality* (Correspondence Publishing, 1958), pp. 26~27.

27 Raya Dunayevskaya, *Marxism and Freedom: From 1776 until Today* (London: Pluto, 1975), p. 3.

두나에브스카야에 따르면, 자동화의 수용은 기계와의 관계에 의해 결정되는 계급 노선을 따라 나뉘었다. 자본가, 경영진, 노조 지도부는 자동화를 진보적인 힘으로 찬양한 반면, 자동화를 직접 경험한 사람들은 전혀 다른 시각을 가졌다. "만약 당신이 그것을 작동하는 사람이라면, 그것이 당신의 몸의 모든 뼈마디에 미치는 영향을 느낄 것입니다. 땀을 더 흘리고, 더 피곤하고, 더 긴장할 것이며, 예비용 바퀴만큼의 쓸모 있음을 느낄 것입니다."

두나에브스카야는 '노동조합 관료들'이 그들의 발아래로부터 권력 기반을 상실하면서 노동자에 반대해 경영진의 편을 들었기 때문에 그들을 '세뇌당한' 것으로 사정없이 비판했다. "존 루이스는 그들의 총파업을 무시했으며, 대신에 노동조합이 '진보'를 위한 것이었다고 선언했다. 광산의 노동 인력은 문자 그대로 절반으로 줄었다." 자동화가 자동차 제조업을 장악했을 때, "루서는 자동차 노동자들에게 하루에 여섯 시간 노동을 가져다줄 '미래'를 생각하리고 말했다. … 한편, 노동자들이 수십 년에 걸친 투쟁을 통해 하루 여덟 시간 노동을 쟁취한 이후로 노동 시간에는 어떠한 변화도 없었다".[28] 이것은 "미래의 현실에 대해 말하는 대신 **당위**로서의 미래를 그리는" 고전적 이상주의자의 실수였다. 루서는 자동화된 미래에 더 나은 삶의 조건과 더 많은 여가를 약속했지만, 노동자들은 그 반대의 증언을 했다. 한 자동차 노동자는 "자동화가 우리에게 의미하는 것은 실업과 과로뿐입니다. **둘 다 동시에 말입니다**"라고 불평했다.[29] 두나에브스카야가 가차 없이 말하는 것처럼, "노동자들은 구체화되지 않은 어떤 미래의 시간에 누릴 수 있는 여가와 풍요에 대한 추상적인 논쟁에 참여하지 않는다".[30]

---

28 Dunayevskaya, 같은 책, pp. 264~265.
29 Dunayevskaya, 같은 책, p. 269.

두나예브스카야가 자동화에 대한 노동자의 저항을 분석하고 있을 무렵, 제임스와의 협업은 끝나가고 있었다. 헤겔(G. W. F. Hegel)과 마르크스에 정통한 새로운 대화자를 찾으면서, 그녀는 이후 미국 학계에 자리를 잡게 된 프랑크푸르트학파의 철학자 허버트 마르쿠제(Herbert Marcuse)와 서신을 주고받기 시작했다. 마르쿠제가 선진 자본주의에 대한 고전적 분석인 『일차원적 인간(One-Dimensional Man)』을 위한 조사를 시작했을 때, 그는 두나예브스카야에게 자동화에 대한 자료를 요청했으며, 그녀는 당대 텍스트의 문헌 목록뿐만 아니라 노동자의 관점에서 자동화의 영향을 분석한 찰스 덴비(Charles Denby)의 광범위한 연구와 함께 그녀가 편집해 펴낸 노동자들의 뉴스레터 모음인 ≪뉴스와 편지(News and Letters)≫ 한 부를 기꺼이 제공했다.[31]

디트로이트의 자동차 노동자이자 ≪노트와 편지(Notes and Letters)≫의 편집자인 덴비는 조립 라인과 광산에서 일하는 노동자와 심지어 새로운 컴퓨터 기술과 씨름하는 화이트칼라 노동자를 포함해 새로운 자동화 기술에 대해 논의하는 노동자들로부터 이야기를 모았다. 그는 잔인한 작업 속도, 몹시 힘든 신체적 및 정신적 요구, 그리고 새로운 기계가 가져온 기술적 실업의 갈등을 자세히 다룸으로써, 두나예브스카야가 광부들의 파업에 대해 쓴 것처럼 엄격하게 분석했다.

덴비의 조사 연구는 노동자들이 연구 내내 반복적으로 표면화된 대안적인 노동 조건에 대한 비전을 명확하게 표현하도록 자극했다. 덴비에게 특별

---

30 Dunayevskaya, 같은 책, p. 270.

31 Kevin B. Anderson, "Introduction" in *The Dunayevskaya-Marcuse-Fromm Correspond-ence 1954-1978*, eds. Kevin B. Anderson and Russell Rockwell (Lanham: Lexington Books, 2012) 참조.

히 흥미로웠던 것은 자동화가 노동에서 모든 정신적 투입을 제거한 방식이었다. 그는 다음과 같이 묘사했다.

생산 노동자를 소외시키는 것은 그가 자신의 생각과 분리된 일을 하도록 강요된다는 것이다. … 자동화 이전에는 큰 변화가 있고 새로운 기계가 도입되었을 때 기계를 제대로 작동시키기 위해 노동자의 지식과 경험에 의존해야 했다. … 몇 주 동안 우리는 문제를 함께 해결하고 여러 가지 것을 조직하고 원활하게 작동하게 하는 인간처럼 느꼈다.[32]

노동자들은 자동화된 환경의 아노미를 그들이 이전에 발전시켰던 사회적 유대 및 동지애와 대비시켰다.

수년 전 노동자들이 회사가 더 많은 생산을 원할 때 얼마나 빨리 일해야 하는지 그리고 필요하다고 느끼는 도움의 양에 대해 할 말이 있었을 때, 생산 노동자들 사이의 관계는 인간적으로 가까웠다. 그들은 일을 서로 도울 수 있었다. 그들은 한 집단 안에 있는 모두가 쉽게 일할 수 있게 만드는 방식으로 일했다. 오늘날 자동화는 아무도 다른 노동자를 돕지 못하게 한다.[33]

두나예브스카야와 마찬가지로 덴비는 자동화에 반대하는 광부들이 "생각과 행동을 통합하는 방법을 고안함으로써 그들 자신의 질문에 답하는" 방식에 흥미를 느꼈다.[34] ≪뉴스와 편지≫에서 덴비의 동료인 공장 노동자 앤

---

32 Charles Denby, "Workers Battle Automation," *News and Letters*, November 1960, p. 29.
33 Denby, 같은 글, p. 13.

드리아 테라노(Andrea Terrano)는 그것을 날카롭게 지적했다.

왜 사람들은 자동화가 사람들이 새로운 사회에서 원하는 노동 방식이라고 가정하는가? 왜 그들은 중요한 게 노동자가 장악하는 것이라고 가정하는가? 기계를 '장악'하면 작업 부담이 줄어드는가? 아니면 작업을 덜 지루하게 할 것인가? 일은 완전히 다른 무언가이지 않은가? 일이 삶 자체와 관련 있는 다른 무언가가 된다면 인간을 기계 작동의 일부로서 사용하는 자동화와 같은 것일 수 없다.[35]

마르쿠제는 노동자의 증언에 의존하기보다는 대신에 기술 전문가와 자격 있는 철학자 들에 의존했다. 그는 자동화의 일부 문제점을 지적하고 덴비를 인용했지만, 『일차원적 인간』은 새로운 생산 기술에 대해 낙관적인 견해를 제공했다. 제임스처럼 그는 자동화가 노동자를 조직하는 방법에 미치는 유익한 효과를 보았다. 그는 공장에서 일에 대한 더 사회적이고 참여적인 관계의 잠재성을 상상하면서, "작업 과정에 기계적인 커뮤니티를 육성하는 기술적 조직은, 동시에 노동자를 공장에 통합시키는 매우 광범한 상호 의존성도 만들어내는 것이다"라고 썼다.[36] 그리고 마르쿠제는 개인적으로 번역한 마르크스의 『정치 경제학 비판 요강』의 인용문에서, 영어로 나온 '기계에 대한 소고'의 가장 이른 판본 중 하나를 제공한다. 『일차원적 인간』은 『정치 경제학 비판 요강』이 영어로 번역되기 거의 10년 전인 1964년에 출판되

---

34 Denby, 같은 글, p. 46.
35 Denby, 같은 글, p. 47.
36 Herbert Marcuse, *One-Dimensional Man: Studies in the Ideology of Advanced Industrial Society* (Boston: Beacon, 1964), p. 33. 〔허버트 마르쿠제, 『일차원적 인간』, 박병진 옮김 (서울: 한마음사, 2009), 77~78쪽〕.

었다. 마르쿠제가 그 '소고'를 완전 자동화의 순간을 예고하는 것으로 읽은 것은 그의 해석에 결정적으로 '화려한 공산주의'의 풍미를 더해준다. "필연의 영역에 자동화가 완성되면, 인간의 사적이고 또한 사회적인 생활이 실현되는 차원으로서 자유 시간의 차원이 열릴 것이다. 이것은 새로운 문명을 향한 역사적 초월이 될 것이다."[37]

두나예브스카야는 『일차원적 인간』에 대한 서평에서, 마르쿠제가 덴비의 작업을 오독했으며 그것을 노동자가 전면적으로 관리되는 사회 안에 포섭되어 왔다는 그의 주장으로 욱여넣었다고 비판했다. 그녀는 마르쿠제가 "자동화에 대한 태도에 있어서 일반 조합원들과 노조 지도부 사이의 분열이라는 그 팸플릿의 핵심 포인트를 완전히 배제하고 있다"고 썼다.[38] 마르쿠제는 자동화에 대한 기술적 분석에 의존함으로써 생산 현장에서는 더 이상 큰 반대가 없었다고 믿는 대신에 바로 이 현장에 위치한 노동자의 말에 귀를 기울였어야 했다. 두나예브스카야는 "그것은 당신이 생산 라인의 어느 쪽에 서 있느냐에 따라 들리는 목소리, 보는 광경, 경험하는 느낌의 문제이다"라고 언급한다.[39] 결국 덴비가 말하듯이, "광산에서 기계화만큼 오래된 광부들이 사용하는 표현이 있다. 그것은 간단하게 이것이다. "사람은 언제든지 원할 때 파괴할 수 없는 기계에 대해서는 어떠한 권리도 갖고 있지 않다"."[40]

자동화에 맞선 노동자 저항에 대한 ≪뉴스와 편지≫의 진단은 유토피아적인지 또는 단순히 더 공평하고 생산적인 관계인지에 대한 구체적인 비전 없이 다소 추상적인 상태로 남아 있었다. 그러나 그들은 사회적 및 기술적

---

37 Marcuse, 같은 책, p. 40. [84쪽].

38 Anderson and Rockwell, *Dunayevskaya-Marcuse-Fromm Correspondence*, p. 227.

39 Anderson and Rockwell, 같은 책, p. 228.

40 Denby, "Workers Battle Automation," p. 44.

변화에 대한 마르크스주의 이론에 중요한 많은 관점을 강조했다. 무엇보다도, 사회주의적 변혁의 열쇠가 기술적인 발전에 있는 것이 아니라 새로운 기술에 저항하는 투쟁을 포함한 노동자의 투쟁에 있다는 믿음을 확고히 고수했다. 노동자들은 그 투쟁을 통해 새로운 형태의 조직을 발견하고 더 깊은 정치적 질문을 제기할 것이다. 그리고 투쟁 중인 다른 노동자와의 접촉을 통해, 그들은 – 단순히 마르쿠제가 말하는 것과 같은 더 많은 여가 시간이 아니라 – 자율적이고, 생산적이며, 친밀한 노동관계를 향한 열망을 발견했다.

부두

아마도 창조적이고 사회적인 노동관계가 입국 항구에서 악명 높은 전투적이고 독립적인 노동자들 사이에서보다 더 강하게 또는 더 완전히 실현된 곳은 어디에도 없을 것이다. 스탠 위어(Stan Weir)의 '만안(灣岸) 지역(Bay Area)' 부두 노동자로서의 삶에 대한 회고록은 피땀 흘려 싸운 자율성이 창조성, 개성, 심지어 별난 행동을 고무했던 부두 인부들의 문화를 감동적으로 보여준다. 경제사학자 마크 레빈슨(Marc Levinson)에 따르면, 일의 불규칙성은 부두 인부가 원한다면 활동을 위해 휴가를 낼 수 있었다는 것을 의미했다. 그 일의 위험성, 불안정성, 어려움은 강력한 연대의 결합과 '세계와 대항하는 우리'라는 심성을 가진 독특한 문화를 만들어냈다. "부두 인부들은 자신들을 매우 힘든 일을 하는 강인하고 독립적인 남자로 보았다."[41] 부두 인부들

---

41 Marc Levinson, *The Box: How the Shipping Container Made the World Smaller and the World Economy Bigger* (Princeton: Princeton University Press, 2006), pp. 24~26. 〔마크 레빈슨, 『더 박스: 컨테이너는 어떻게 세계 경제를 바꾸었는가』, 이경식 옮김(서울: 청림출판, 2017), 46~49쪽〕.

은 원하는 대로 옷을 입었고, 농담을 하고, 정치와 철학에 대해 토론했다. 위어는 "현재 한 외로운 샌피드로(San Pedro, California) 부두 인부가 운영하는 전국적으로 알려진 작은 북클럽이 있다"고 회고한다.[42] 작가 에릭 호퍼(Eric Hoffer)는 샌프란시스코 부두에서 20년 동안 일했고, 그 기간 동안 대중 운동의 사회 심리학 저서인 『맹신자(*The True Believer*)』와 같은 호평을 받은 책들을 썼다. 영국 북부의 공장 이전의 직조공들이 형성한 독학자의 창조적인 문화에 대한 톰슨의 묘사가 떠오른다. "모든 직조업 지역에는 직조공 시인, 직조공 생물학자, 직조공 수학자, 직조공 음악가, 직조공 지질학자, 직조공 식물학자 들이 있었다."[43]

그리고 그러한 직조공들처럼, 부두 인부들은 기술이 친밀성과 독립성의 문화에 종말을 알리는 종소리였다는 것을 알고 있었다. 기술이 부두를 가득 채우게 됨에 따라, 기술은 작업의 구조를 변화시켰으며, 사실상 항만 자체를 변화시켰다. 부두 노동자를 연대로 결속시켰던 공유된 경험은 분열되었으며, 여러 다른 직종과 다른 노동조합으로 퍼져 나갔다.

기계는 항만 산업의 경계를 유동적이고 정확한 형태가 없게 만들었다. 항만 기계를 유지하기 위해 더 이상 전기 기술자와 트럭 정비사의 솜씨만큼 해운 정비공의 솜씨를 필요로 하지 않는다. 해안가 크레인은 대개 운영 엔지니어 조합(Operating Engineers Union)의 조합원에 의해 운행되는 유형이다. 컨테이너 정리장에 있는 컨테이너를 옮기는 엄청난 양의 철도 차량은 전통적인 부두 작업과

---

42 Stan Weir, *Singlejack Solidarity* (Minneapolis: University of Minnesota Press, 2004), p. 95.

43 Thompson, *The Making of the English Working Class*, p. 291. 〔톰슨, 『영국 노동계급의 형성(상)』, 405쪽〕.

거의 유사하지 않은 노동 수행을 요구한다. 트럭 운전사 조합(Teamsters Union)은 이미 어느 정도 성공을 거두며 이러한 작업의 일부를 요청했다.[44]

이것이 모든 화물을 금속 상자 안에 넣음으로써 운송의 기술적 표준화를 이룬 '컨테이너화'의 영향이었다. 컨테이너는 여러 수송 기관을 통합했다. 상자들은 기차와 트럭을 거쳐서 크레인으로 직접 배에 싣거나 내릴 수 있었다. 이것은 손으로 하나씩 하나씩 힘들게 짐을 싣고 내리는 힘들고 매우 많은 시간이 걸리는 과정의 종말을 의미했는데, 저널리스트 마르코 데라모(Marco d'Eramo)의 말을 빌리자면, "그래서 배들은 바다에서보다 항구에서 더 많은 시간을 보냈다".[45] 컨테이너화는 노동자가 훨씬 덜 필요하다는 것을 의미했고, 부두 노동자들은 즉시 그것을 이해했다. 주요 항만 노동자 조합들은 협상에 들어갔다.

결과적으로 미국 서해안과 동해안 모두에서 노동 과정의 통제권은 운송업자에게 넘겨졌다. 오래 계속되어 온 규제는 작업을 강화하기 위해 간단히 폐기되었다. 위어의 설명에 따르면, "기계화 협정이 발효된 첫날, 하역 인부들은 전날 해치(hatch, 배의 화물 출입구 – 옮긴이)에 들락날락했었던 화물의 두 배 이상 무게가 나가는 수많은 수작업 화물을 내던지는 일을 하고 있는 자신을 발견했다".[46] 부두의 작업량은 증가했지만, 막대한 인적 손실을 입었다. "생산성이 증가함에 따라 사고율도 증가했다. 1958년과 1967년 사이에 미국의 선창가 고용주들은 "노동자에게서 발생하는 문제를 처리하려는 노력

44 Weir, *Singlejack Solidarity*, p. 104.
45 Marco d'Eramo, "Dock Life," *New Left Review*, 96 (November/ December 2015), p. 89.
46 Weir, 같은 책, p. 48.

에도 불구하고" 노동자의 보상 사례의 수가 92.3% 증가했다고 보고했다".[47] 더 높은 사고율은 노동자가 작업 속도와 스타일에 대한 통제력을 상실한 데서 비롯되었다. 국제 항만 창고 노조(International Longshore and Warehouse Union: ILWU)와 태평양 해사 협회(Pacific Maritime Association) 사이에서 협상된 자동화 계약은 이전에 협상되었던 작업 규칙, 특히 배에서 들어 올리는 화물의 각 적재량을 2100파운드로 제한한 규칙을 포기했다. 이 엄격한 규칙은 이전에 부두 노동자들 사이에서 속도를 높이려는 시도를 방지했었다.[48] 노조 지도부가 불만을 임금 인상 요구로 전환하려고 시도했지만, 일반 조합원들 사이에서는 노동 조건, 특히 육체적 스트레스와 자동화된 작업의 무목적성에 대한 저항이 정기적으로 터져 나왔다.

컨테이너화는 부두 시스템을 완전히 뒤집어놓았다. 컨테이너화된 항구에 필요한 부두 노동자의 수가 줄었을 뿐만 아니라 화물을 싣고 내리는 시간을 획기적으로 단축해 화물 운송 비용을 극적으로 낮춤으로써 필요한 하역구(荷役口)의 수도 줄었다. 뉴욕(New York)을 포함해 많은 도시는 단 몇 년 만에 부둣가 및 그와 연관된 공동체 들이 파괴되는 것을 보았다.[49] 그러나 혁명은 부두에서 멈추지 않았다. 상품 운송이 더 이상 비용 부담이 되지 않았기 때문에, 제조업은 인건비가 가장 저렴한 곳이면 어디든지 자리 잡을 수 있었다. 또한 소비에 가까운 생산 위치를 찾을 필요가 거의 없었기 때문에, 제조업은 집중될 수 있었다. 컨테이너화는 생산이 멀리 떨어진 국제 공급망을 따라 흩어져 있는, 전 지구화로 알려지게 된 것을 위한 필수 전제 조

---

47 Weir, 같은 책, p. 49.

48 Weir, 같은 책, pp. 94~95.

49 Levinson, *The Box*, p. 100. 〔레빈슨, 『더 박스』, 156쪽〕.

건이었다.

데이비드 노블처럼, 위어는 컨테이너화가 효율성을 위한 산업적 필요에 의해서만 추진된 것이 아니라 군사적 명령에 의한 것이기도 하다고 언급한다. "부두 작업과 운송의 자동화를 위한 필수적인 계획은 1952년 미 국립 과학 아카데미(National Academy of Sciences)의 후원 아래 미 국방부와 해사(海事) 고용주의 주도로 시작되었다."[50] 1960년대 동안 베트남에서 급증하는 침입 병력을 공급하기 위한 군사 계약은 상업 해운사에게 비타협적인 부두 노동자를 능가하는 레버리지를 제공했다. 레빈슨은 실제로 컨테이너화가 없었다면 "미국이 지구 반대편에서 대규모 전쟁을 수행할 능력이 심각하게 제한되었을 것이다"라고 주장한다.[51] 사실, 베트남 전쟁은 전 지구화의 초기 과정에 중요한 역할을 했다. 컨테이너선은 다낭(Da Nang)에 화물을 내려놓은 뒤에 서해안으로 돌아오기 전에 전자 제품을 가득 채우기 위해 일본에 정박했다.[52]

존슨·포레스트의 구성원이자 자동차 노동자인 마틴 글래이버먼(Martin Glaberman)은 자동화가 광산업, 항만업, 자동차 제조업 등의 산업에 미친 효과가 최고 수준의 호전성을 가지고 있었음을 예리하게 관찰했다. 그는 "문제는 자동화와 같은 문제에 대한 해결책을 찾지 못하는 데 있지 않다는 것이 분명해야 한다. 그들은 노동자에게 해결책을 강요했다"고 썼다. 노조의 항복에 대응해, 노동자들은 문제를 독자적으로 처리했다. 글래이버먼은 씁쓸하게 다음과 같이 언급했다.

---

50 Weir, 같은 책, p. 45.
51 Levinson, 같은 책, p. 184. 〔279쪽〕.
52 Levinson, 같은 책, pp. 186~188. 〔282~286쪽〕.

노동자들은 계약서를 사용할 필요도 없고, 계약이 개선될 수 있다는 환상도 없다. 그들은 작업장에서 그들만의 '협상'을 하는 쪽으로 방향을 틀었다. 조립 라인은 고장 날 수 있다. 라인을 작동하지 못하게 한 볼트가 실수로 떨어지지 않았다고 누가 말할 수 있는가? 라인의 정지를 알리는 경고등이 고장 난 것이 아니라 라인을 수리하는 데 걸리는 시간에 몇 분을 더하기 위해 나사를 풀었을 뿐이라는 것을 누가 알겠는가?[53]

이러한 사보타주로의 전환은 작업장에서 일어나는 새롭고 창의적인 투쟁 형태, 즉 "그들의 필요에 적합한 새로운 형태의 조직 찾기"의 싹이었다.[54] 많은 이유로 이러한 추구는 오늘날 부두에서 계속되고 있다. 예를 들어, 2011년 시애틀(Seattle)과 터코마(Tacoma)의 국제 항만 창고 노조 조합원들은 계약 분쟁 중에 화물차를 파손하고 곡물을 버리고 야구 방망이로 창문을 부쉈다.[55] 2013년 밴쿠버(Vancouver)에서 유나이티드 그레인(United Grain)은 자사 장비에 대한 공격 혐의 – "컨베이어 시스템에 약 2ft 길이의 금속 파이프를 계획적으로 집어넣은 것뿐만 아니라 모래와 물의 혼합물을 기관차에 집어넣은 것" – 에 대응해 국제 항만 창고 노조의 부두 노동자들의 출근을 금지했다.[56] 이러한 기법들은 자동화의 도입으로 가능하게 된 수십 년 전으로 거슬러 올라가는 투쟁의 흐름에 의존한다.

---

53 Martin Glaberman, "'Be His Payment High or Low': The American Working Class in the Sixties," *International Socialism*, 21 (Summer 1965), pp. 18~23.

54 Glaberman, 같은 글, p. 23.

55 Steven Greenhouse, "Union Dispute, Turning Violent, Spreads and Idles Ports," *New York Times*, September 8, 2011, nytimes.com.

56 Aaron Corvin, "United Grain Corp. Accuses ILWU of Sabotage, Locks Out Workers," *Daily Columbian*, February 26, 2013.

흑인 노동자와 자동화

제2차 세계대전 동안 노동력의 재편은 흑인 노동자에게 작업장에서의 일시적인 이득을 의미했다. 전시 생산의 증가와 대규모 징병으로 고용주는 노동력을 간절히 원했기 때문이다. 그러나 인종 차별과 분리는 여전히 지배적이었다. 최악의 최저 임금 직업에 국한되고 더 높은 숙련 수준과 더 큰 직업 안정성을 제공했었을 훈련 프로그램과 견습 제도에서 단절된 흑인 노동자들은 해고가 닥쳤을 때 맨 앞줄에 있었다. 따라서 '저숙련' 일자리를 파괴하고 그럼으로써 흑인 실업을 증가시킨 세기 중반 자동화의 추진으로 인해 그들은 과도하게 표적이 되었다.

흑인 민권 운동은 종종 간이식당부터 공립학교 통학 버스에 이르기까지 시민 사회의 인종 차별 폐지를 둘러싼 극적인 대립으로 기억되지만, 노동 정치 또한 핵심적인 관심사였다. 실제로, 방위 산업에서 인종 차별을 철폐하기 위한 A. 필립 랜돌프(A. Philip Randolph)의 수도 행진 계획은 1941년에 루스벨트(Franklin D. Roosevelt)로 하여금 바로 그렇게 하도록 압박을 가했다. 20년 후, 마틴 루서 킹 주니어(Martin Luther King Jr.)와 베이어드 러스틴(Bayard Rustin)은 직업과 자유를 위한 워싱턴(Washington) 행진을 조직했다. 작업장의 인종 통합이 주요 목표였기 때문에, 전후 민권 지도자들은 자동화 및 자동화가 노동 시장에 미치는 파괴적 영향을 운동에 잠재적인 문제가 될 것으로 보았다. 1961년 미국 노동 연맹·산별 노조 회의(the American Federation of Labor and Congress of Industrial Organizations: AFL-CIO) 연설에서, 마틴 루서 킹 주니어는 다음과 같이 선언했다. "오늘날 노동은 심각한 위기에 직면해 있습니다. 앞으로 10년에서 20년 안에 자동화는 믿을 수 없는 생산량을 만들어내면서(grind out), 일자리를 갈아서 먼지로 만들 것입니다(grind into)." 킹은 자동화가 조직화된 노동에 적대적으로 사용되는 무기였다고 이해했다. "이 기간은 취약한 모든 지점에서 노동을 악랄하게 공격함으로써 무력한 상태로 몰아가려는 사람들에게는 안성맞춤입니다." 그리고 노조가 자동화의 과정을 장악할 유일한 기회는 흑인 민권 운동과 공동의 대의를 구축하는 것이었다. "자동화가 일자리와 계약 이득을 소멸시키는 몰록(Moloch, 고대 근동의 신으로 어린아이의 인신 공양을 요구하는 신 – 옮긴이)이 되는 것을 막기 위해 필요하게 될 정치적 힘은 여러분들이 흑인의 정치권력의 거대한 저수지를 이용할 때 배가될 수 있습니다."[57] 맬컴 엑스(Malcolm X)는 대조적으로 자동화의 위협이 분리주의 전략을 정당화한다고 주장했다. 그는 "통합주의 프로그램으로부터 기대할 수 있는 것은 흑인들이 기껏해야 이미 자동화로 권리가 박탈된 최저 수준의 노동 계급으로 아무런 희망 없이 들어가는 것입니다"라고 경고했다.[58]

지동화와 흑인 미국인 사이의 연관성은 10년 동안 점점 더 많은 관심을 끌었다. 1964년 민주 사회 학생회(Students for a Democratic Society)의 지도자인 톰 헤이든(Tom Hayden)과 토드 기틀린(Todd Gitlin), 민주 사회주의자인 마이클 해링턴(Michael Harrington)과 어빙 하우(Irving Howe), 반핵 활동가 라이너스 폴링(Linus Pauling), 인공두뇌학자 앨리스 메리 힐튼(Alice Mary Hilton), 흑인 민권 운동 지도자 베이어드 러스틴, 그리고 이전 존슨·포레스트 경향의 동료인 제임스 보그스(James Boggs)를 포함해 다양한 미국의 좌파 인물들과 지식인들이 '삼중혁명 특별위원회(Ad Hoc Committee on the Triple Revolu-

---

57 Marcus D. Pohlmann, *African American Political Thought: Capitalism vs. Collectivism, 1945 to the Present* (New York: Taylor & Francis, 2003), p. 77에서 재인용.

58 A. B. Spellman, "Interview with Malcolm X," *Monthly Review*, 16(1) (May 1964).

tion)'를 결성했다. 그 위원회는 영향력 있는 신좌파 잡지 ≪해방(*Liberation*)≫
에 성명을 발표하고, 린든 존슨(Lyndon Johnson) 대통령에게 한 부 보냈다.
그것은 상호 연결된 세 가지 경향, 즉 ('컴퓨터 자동 제어'로 일컬어지는) 자동
화, 재래식 무기를 핵무기로 대체하는 것, 흑인 민권 운동에 의해 다가오는
불안정을 경고하는 것이었다.

이 '삼중혁명'은 미국의 기관들에 실존적 도전을 제기했는데, 존슨의 빈
곤과의 전쟁이 가졌던 야망을 훨씬 넘어서 그 도전이 극복되기 위해서는 극
적인 정책 전환이 요청된다는 것이었다. 자동화에 직면해 경제의 급진적인
구조 조정이 없이는 포섭을 위한 민권 요구는 충족될 수 없었다. (그리고 상
비군의 필요성 감소는 수십 년 전처럼 군이 잉여를 흡수하지 않으리라는 것을 의미했
다.) 특별위원회의 성명은 이렇게 선언했다. "흑인은 심지어 지금까지 특권
을 누렸던 백인 노동자에게도 사라지는 과정에 있는 사회 공동체와 노동 및
소득의 전통에 진입하려고 노력하고 있다. 매우 효율적이고 점진적으로 비
용이 적게 드는 기계의 영향으로 일자리가 사라지고 있다." 만약 아무것도
하지 않는다면, 수백만 명이 궁핍에 처하게 될 것이다. "잠재적인 풍요 속에
영구적으로 가난한 실업자 계급이 확립된다."[59]

그러나 정부 정책 입안자들이 계획적으로 새로운 기술을 수용함으로써
이러한 최후의 날 시나리오에서 구원의 가능성이 등장했다. 특별위원회는
낙관적이고 완전히 자동화된 의견으로 결론을 내렸다.

우리는 기술 변화를 개인의 이익과 공공복지 서비스로 전환하는 유일한 방법이
그 과정을 받아들이고 합리적으로 그리고 인간적으로 활용하는 것이라고 주장

---

59 Ad Hoc Committee on the Triple Revolution, *The Triple Revolution*, pamphlet, 1964.

한다. 새로운 정치 경제 과학이 컴퓨터 자동 제어의 장려와 확대 계획 위에 발전할 것이다. 컴퓨터 자동 제어가 제기한 의제들은 특히 지능적인 정책 결정에 적합하다. 컴퓨터 자동 제어 자체는 전이 과정 동안 어려움의 최소화를 보장하는 데 필요한 자원과 도구를 제공한다.[60]

이 문서는 계속해서 더 많은 교육 지출, 대규모 공공사업 프로그램, 적정 가격의 주택, 대중교통에 대한 투자, 소득을 재분배할 더 평등주의적인 세금 시스템 등 믿을 수 없는 규모의 필요한 조치를 열거했다. 존슨의 고문인 리 화이트(Lee White)는 대통령이 그 문제를 조사할 위원단을 설립할 것이라고 특별위원회에 장담했지만, 선언문은 의도한 효과를 거두지 못했으며, 반발은 빨랐다. 《뉴욕 타임스》가 "고용되든 말든, 모두에게 보장된 소득"이라고 비웃는 동안,[61] 저명한 사회 이론가이자 정치 평론가인 대니얼 벨(Daniel Bell)은 경세학의 트십을 잡았다.[62] 궁극적으로 아무리 설득력 있게 주장해도 그 서한은 아무것도 하지 않기로 선택한 정책 입안자들에게 영향을 미치는 데는 실패했다.

경제학자들은 이 문제를 계속 연구했다. 흑인 노동에 대해 오래 연구한 허버트 노스럽(Herbert Northrup)은 1965년에 다음과 같이 썼다.

흑인 실업 문제에서 중요한 요인은 산업이 비숙련 노동을 기계로 대체한 것이었다. … 흑인들은 이러한 발전의 결과로 해고되었고, 산업이 비숙련자를 더 이상

---

60 Ad Hoc Committee, 같은 책.

61 John Pomfret, "Guaranteed Income Asked for All, Employed or Not," *New York Times*, March 23, 1964.

62 Daniel Bell, "The Bogey of Automation," *New York Review of Books*, August 26, 1965.

고용하지 않는다는 것을 알게 된 젊은 흑인들은 장기간의 만성 실업자의 상당한 비율을 차지하게 되었다.[63]

1966년 폴 스위지(Paul Sweezy)와 폴 배런(Paul Baran)의 자본주의 정치 경제학 분석인 『독점 자본(*Monopoly Capitalism*)』에서 두 마르크스주의 경제학자는 자동화가 제조업에서 일하는 아프리카계 미국인의 경제적 전망을 심각하게 제한했다는 데 동의했다. "1950년 이후에는 미숙련 일자리가 놀라울 정도로 급속히 소멸해 버렸기 때문에, 다른 직종에 적합하지 않은 흑인은 고용으로부터 계속적으로 완전히 배제당하게 되었다."[64] 1960년대 초까지 흑인 실업은 백인 실업률의 두 배였다. 배런과 스위지는 흑인의 고통에 대한 책임을 기술이 아니라 자본주의 체계 전체에 돌리는 한편, 그들은 "이 사회의 틀 내에서 기술적 경향이 고용 기회에 차별적으로 영향을 미치기 때문에, 이 기술적 경향이 흑인 실업의 상대적 증가의 한 원인이며, 의심할 여지 없이 가장 중요한 원인의 하나라고 생각해도 틀린 것은 아니다"라고 인정했다.[65] 어니스트 맨델(Ernest Mandel)은 이러한 정치 경제학적 틀을 고조되는 흑인의 급진화를 설명하기 위해 사용했다. "미국 산업에서 비숙련 일자리 수의 급격한 감소는 점증하는 흑인들의 저항, 특히 흑인 청년들의 저항을 미국 자본주의의 일반적인 사회 경제적 틀에 결부시키는 연결 고리

---

63 Herbert R. Northrup, "Equal Opportunity and Equal Pay," in *The Negro and Equal Opportunity*, eds. H. R. Northrup and Richard L. Rowan (Ann Arbor: Bureau of Industrial Relations, 1965), pp. 85~107.

64 Paul M. Sweezy and Paul A. Baran, *Monopoly Capital: An Essay on the American Economic and Social Order* (New York: Monthly Review, 1966), p. 267. 〔스위지·바란, 『독점 자본: 미국의 경제와 사회질서』, 최희선 옮김(서울: 한울, 1984), 238쪽〕.

65 Sweezy and Baran, 같은 책, p. 268. 〔239쪽〕.

이다."[66]

급진적인 흑인 지식인들은 자동화를 흑인 노동자와 해방 운동에 대해 심각한 사회적 문제로 다루었다. 1960년대에 널리 읽혔던 로버트 앨런(Robert Allen)의 흑인 급진주의에 대한 연구인 『자본주의 미국에서 흑인의 각성(*Black Awakening in Capitalist America*)』은 끔찍한 음률로 들렸다. 그는 "흑인 대중의 경제 상황은 암울할 뿐만 아니라 전망은 개선되지 않을 것이며, 오히려 악화될 것이다. 이것은 부분적으로 규제되지 않은 자동화의 영향 때문이다"라고 썼다.[67] 앨런은 향후 수십 년 동안 흑인들의 사회적 권력과 조건이 지속적으로 악화될 것이라고 예측했는데, 그것의 선견지명만큼이나 비관주의(그의 책은 미국 급진주의의 최고점이었던 1969년에 출판되었다)로 인해 충격적인 예측이었다.

사회학자 시드니 윌헬름(Sidney Willhelm)이 1970년에 쓴 글에 따르면, 자동화는 흑인 민권 운동의 성취를 뒤섞을 위험이 있었다. "비록 널리 퍼진 의견은 통합이 가능하리라는 견해를 강력하게 지지하지만, 많은 이정표는 흑인들의 궁극적인 고립, 변화하는 자동화 기술에 의해 가능해진 고립을 가리키고 있다."[68] 윌헬름에 따르면, 미국 역사상 흑인 미국인은 모순된 위치, 즉 인종 차별적 학대의 대상이었지만 동시에 극심하게 착취당하는 노동 인구로서 요구되었던 위치를 차지했다. 그러나 인간 노동을 기계로 대체하는 것은 흑인 노동자의 경제적 기능을 약화시킬 것이다. 그는 "만약 기계가 결국 지금까지 인간이 사실상 발전시켜 왔던 것을 성취한다면, 사람들은 잉여의

---

66 Ernest Mandel, "Where Is America Going?," *New Left Review*, 54 (March/April 1969).

67 Robert L. Allen, *Black Awakening in Capitalist America* (Trenton: Africa World Press, [1969] 1990), p. 3.

68 Sidney Willhelm, *Who Needs the Negro?* (New York: Schenkman, 1970), p. 3.

짐 덩어리가 될 것인가? 하지만 그렇다면 우리는 언제까지 서로를 잉여의 짐 덩어리로 용인할 것인가?"라고 언급했다.[69] 윌헬름은 경제적 효용을 빼앗긴 흑인 미국인이 억제되지 않는 인종 차별주의와 심화되는 분리의 대상이 되는 끔찍한 상황을 예견했다.

흑인은 미국 사회의 기술 발전에서 뒤처지고 있기 때문에 손해를 보고 있다. **백인 미국은 처음으로 흑인 인종을 배제할 정도로 인종적 가치를 구현하는 데 드는 경제적 비용을 쉽게 감당할 수 있게 되었다.** 더 구체적으로, 흑인의 버림받은 지위가 점점 더 드러나는 것은 백인 미국의 경제적 이해관계의 기술적 배열과 일치한다.[70]

흑인들의 유령을 경제에 불필요한 '잉여의 짐 덩어리'로 언급하면서, 윌헬름은 대량 학살의 결과를 시사하는 데 주저하지 않았다. "한때 백인과의 경제적 경쟁이 인종 관계의 원인이 되었던 곳에서, 이제 흑인은 기계와 경쟁하고 있다. 첫 번째 경쟁은 백인의 강탈을 낳았으며, 두 번째 경쟁은 흑인의 절멸을 초래할 것이다."[71]

이것은 흑표당(Black Panther Party)이 임금 노동으로부터 단절된 '룸펜 프롤레타리아'를 조직하는 데 초점이 맞춰진 그들의 조직 철학의 핵심으로 받아들였던 분석이었다. 엘드리지 클리버(Eldridge Cleaver)가 명백히 설명했듯이, "기계, 자동화, 컴퓨터 자동 제어에 의해 대체된" 룸펜은 프롤레타리아 내의

---

69 Willhelm, 같은 책, p. 136.
70 Willhelm, 같은 책, p. 165.
71 Willhelm, 같은 책.

진정한 모순을 나타낸다.[72] 사실 기계는 부분적으로 이러한 분열에 책임이 있었다. 기술의 양극화는 "오늘날 미국 경제 안의 시장에 있는 모든 직업이 마르크스 시대의 엘리트 사업 및 직업별 길드의 직업만큼 높은 기술의 복잡성을 요구한다"는 것을 의미했다.[73] 이러한 엘리트주의적인 배열은, 이제는 기술적으로 소외된 사람들의 전유물이 된, 프롤레타리아 몫의 혁명적 열정을 약화시켰다. 휴이 뉴턴(Huey Newton)은 클리버의 요점을 더 장기적인 전략의 관점에서 명확히 했다.

이 나라에서 변증법적 방법과 사회적 경향 및 변화하는 사태의 본질에 세심하게 주목하는 흑표당은 룸펜 프롤레타리아가 소수이고 프롤레타리아는 다수인 반면, 기술은 매우 빠른 속도로 발전하고 있어서 자동화는 컴퓨터 자동 제어로 진보하고 컴퓨터 자동 제어는 아마도 기술 통치 체제로 진보할 것이라고 본다. 지배 집단이 계속해서 권력을 유지한다면, 자본가들은 보통 사람들에게 관심이 없기 때문에 그들의 과학 기술적 기계를 계속 발전시킬 것으로 보인다. … 모든 노동자는 지배 집단 때문에 위험에 처해 있다.[74]

한편, 공장 라인에 남아 있던 흑인 노동자들은 자동화에 대한 그들만의 분석을 정식화했다. 지난 수십 년 동안 생산성은 극적으로 증가했으나, 경영진은 이를 기계의 공으로 돌린 반면 이 노동자들은 그들이 디트로이트의

---

72 Eldridge Cleaver, *On the Ideology of the Black Panther Party* (Oakland: Black Panther Party, 1969), p. 7.

73 Cleaver, 같은 책, p. 9.

74 Huey Newton, "Revolutionary Intercommunalism," lecture, Boston College, November 18, 1970, available at libcom.org.

공장에서 '니거메이션(niggermation, 조립 라인의 자동화가 사실상 거짓 혁신임을 꼬집는 말. 한 명의 흑인이 이전에 세 명의 백인이 했던 일을 해야 하는 속도 향상을 의미한다. 경영진은 생산성 향상을 자동화의 덕으로 돌렸지만, 이것은 열악한 노동 조건에서 혹독하게 일해야 했던 흑인 노동자들에 대한 착취를 은폐한다 – 옮긴이)'[75]이라고 불렸던 것에 시달렸던 위험천만한 속도 향상을 지적했다. 하루에 수십 명의 부상자와 사망자가 발생했다는 것은 – 이것은 베트남 전쟁 때보다 더 높은 사상률인데 – 노동자들이 공장 자체를 전쟁터로 이해했다는 것을 의미한다. 흑인 노동자들은 경영진과 기존의 노조 모두가 무시했던 인종 차별주의 및 새로운 기술에 대한 관심을 가지고 '혁명적 흑인 노동자 연맹(League of Revolutionary Black Workers)'과 '도지 혁명 노조 운동(Dodge Revolutionary Union Movement)'과 같은 전투적인 그룹을 형성했고, 노조의 인정을 받지 않은 파업을 통해 자동차 공장들을 성공적으로 폐쇄했다.

1960년대의 격동 속에서 가장 중요한 흑인 급진 단체들은 기술에 대한 비판을 분석과 정치의 중심에 두었다. 그들은 노동력의 기술적 재구성이 투쟁의 운명을 결정지으리라는 것을 인식했다. 1972년 흑표당의 갱신된 10대 강령 프로그램에서, 마지막 강령은 "토지, 식량, 주택, 교육, 옷, 정의, 평화"에 대한 요구에 "현대 기술에 대한 사람 공동체의 통제"를 추가했다.[76]

---

75 Dan Georgakas and Marvin Surkin, *Detroit: I Do Mind Dying* (New York: South End Press, 1998), p. 102.

76 Clayborne Carson and David Malcolm Carson, "Black Panther Party," in *Encyclopedia of the American Left*, edited by Mari Jo Buhle et al. (New York: Garland Publishing, 1990).

페미니즘과 자동화

새로운 기술은 또한 어쩌면 전후 시대에 가장 지적으로 활기찬 형태인 여성 운동의 주목을 받았다. 일부 여성들은 기술이 직무에서 힘과 숙련의 필요를 줄여줌으로써 작업장에 평준화 효과를 가져올 것이며, 여성에게는 금지되었던 자리가 허용될 것이라고 추정했다. 기술이 성별 분업에 미치는 영향을 본격적으로 연구한 신시아 콕번(Cynthia Cockburn)과 같은 페미니스트 노동 과정 이론가들은 이러한 관점에 대해 의문을 제기했다. 페미니스트 연구자들이 지속적으로 발견했듯이, 새로운 기술은 단순히 장벽을 제거하는 것이 아니라 복잡한 방식으로 여성에게 해가 되도록 노동을 재구성했다. 콕번은 "기술은 중립과는 거리가 멀다"고 언급한다. "산업 기술, 상업 기술, 군사 기술은 바로 역사적이고 물질적인 의미에서 남성적이다. 기술은 여성적인 방식으로 또한 무성적인 방식으로도 쉽사리 사용될 수 없다."[77]

실제로 많은 경우, 자동화는 이미 여성들이 차지하고 있던 일자리를 없애고 격하시켰다. 대표적인 예가 전화 교환수의 운명이다. 전적으로 여성으로 구성된 노동자 계급인 교환수들은, 휴식 시간을 없애는 동시에 점점 더 적은 수의 노동자에게 점점 더 많은 교환 작업이 집중되는, 갈수록 기계화되는 노동 조건에 맞서 수십 년 동안 투쟁했다. 교환수들이 노조에 가입했을 때, 가치 저하되는 노동의 질에 대한 핵심 요구는 버려졌고, 대신에 더 전통적인 노조의 요구로 방향 전환되었다. 전직 전화 교환수였던 역사가 비

---

77 Cynthia Cockburn, "Caught in the Wheels: The High Cost of Being a Female Cog in the Male Machinery of Engineering," in *The Social Shaping of Technology*, eds. Donald MacKenzie and Judith Wajcman (Buckingham, UK: Open University Press, 1999), p. 56.

너스 그린(Venus Green)은 관료적인 노동조합의 사고방식이 어떻게 해서 교환수들의 구체적인 요구의 무시를 초래했는지 기록한다. 그녀는 "더 높은 임금, 더 짧은 시간, 노조의 고충 처리 절차는 교환수들이 고통받고 있었던 엄격하게 감독되고 가차 없는 기계 구동 작업 속도를 개선하지 못했다"고 썼다.[78]

　　노조 지도부는 교환수의 요구를 심각하게 받아들이는 대신에 여가를 약속한 자동화를 높이 평가했다. 예를 들어, 미국 통신 노동자 연합(Communications Workers of America)의 대표인 조 번(Joe Beirne)은 "우리는 우리 자신을 위해서 자동화를 환영한다. 왜냐하면 우리는 자동화를 통해 더 높은 임금, 더 긴 휴가, 더 짧은 노동 시간, 궁극적으로 우리와 미국인들의 더 높은 안전성의 수준을 보기 때문이다"라고 언급했다.[79] 만약 이러한 유익한 효과가 나온다면 – 그리고 대부분 그렇지 않다 – 그 유익한 효과는 일자리를 잃은 교환수들의 희생으로 가능할 것이다. 그린은 노조의 무관심에 성차별주의가 한몫했다고 주장하며, 남성 지도부는 전화 운영의 재구성이 남성 노동자에게 유익이 된다고 보았다. 왜냐하면 남성 노동자들이 자동화된 다이얼링 기계의 기술 감독관이라는 새로운 직책을 맡을 수 있기 때문이다. 그 동일한 기계는 전화 교환수를 일자리에서 몰아내고, 남아 있는 여성들에게는 작업 속도에 대한 자율성을 없애버렸다.[80] 궁극적으로 '긴 휴가'와 '더 짧은 노동 시간'만이 실업자들, 즉 남 밑에서 고생만 하고 일자리를 잃은 수천 명의 여성들에게 생긴 일이었다.

78　Venus Green, *Race on the Line: Gender, Labor, and Technology in the Bell System, 1880-1980* (Durham: Duke University Press, 2001), p. 91.

79　Green, 같은 책, p. 187.

80　Green, 같은 책, p. 128.

페미니스트들은 직장을 넘어 무임금 가사 노동, 즉 자본주의에 필수적이
지만 보수 없이 수행되는 사회적 재생산 노동을 분석하고 정치화했다. 여기
에도 기술이 짐을 덜어주고 여가의 선물을 나누어 주겠다고 약속한 삶의 또
다른 영역이 있다. 그리고 여기서도 그러한 약속은 이행되지 않았다.

가사는 오랫동안 과학적 관리의 관심거리였다. 1948년에 출간된 베스트
셀러 회고록 『열두 명의 웬수들(Cheaper by the Dozen)』에서 프레더릭 테일
러의 열렬한 제자인 산업 공학자 프랭크 길브레스(Frank Gilbreth)의 열두 자
녀 가운데 두 명은 아버지의 가정생활에 대한 유머러스한 일화를 회고한다.
이른바 시간 동작 연구의 발명가 길브레스는 질서와 효율성에 대한 절대적
인 열정을 소유하고 있어서, 그것을 양육 방식의 기초로 삼았다. 길브레스
의 집에서는 한순간도 낭비될 수 없었다. 목욕은 독일어 공부로 보충되었
고, 식탁을 치우는 일은 스톱워치에 따라 이루어졌다. 그 책은 길브레스가
시간 동작 연구로부터 도출힌 것이 분명한 통찰력에 따라 의사에게 열두 자
녀 모두의 편도선 절제술을 하도록 압박하는 데서 웃음의 절정에 이른다.[81]

1950년에 영화화에 성공한 그 책은 가족 친화적인 웃음에 대한 길브레스
의 열정을 강조하지만, 사회학자 틸라 시겔(Tilla Siegel)과 니컬러스 레비스
(Nicholas Levis)는 그 책이 어떻게 일의 합리화가 빠르게 가족 영역의 합리화
로 스며드는지에 대한 선견지명으로 읽힐 수 있다고 지적한다.[82] 사실, 가장
영향력 있는 자본가들은 이 연관성을 잘 이해하고 있었다. 새로운 조립 라

---

81 Frank B. Gilbreth Jr. and Ernestine Gilbreth Carey, *Cheaper by the Dozen* (New York:
    Perennial Classics, 2002). 〔길브레스 주니어·길브레스 케리, 『세상에서 가장 큰 사랑: 아버
    지 이야기』, 장석영 옮김(서울: 현실과미래, 1999).

82 Tilla Siegel and Nicholas Levis, "It's Only Rational: An Essay on the Logic of Social Ration-
    alization," *International Journal of Political Economy*, 24(4) (Winter 1994-95), pp. 35~70.

인에 대한 대규모 저항으로 애를 먹고 있던 헨리 포드(Henry Ford)는 노동자를 공장으로 유인하기 위해서는 높은 임금 이상의 것이 필요하다는 것을 알고 있었다. 그는 작업장을 훨씬 넘어서서 노동자의 주체성, 즉 안토니오 그람시(Antonio Gramsci)가 "새로운 유형의 인간을 새로운 유형의 일과 생산 과정에 적합하게 만들 필요"라고 인식했던 것을 형성해야 했을 것이다.[83] 이러한 '새로운 인간'을 창조하는 것은 공장 타운에서 알코올 소비부터 성생활 습관에 이르기까지 모든 것에 대한 세부 사항을 수집하고 노동자의 가정생활 조직에 대해 인터뷰를 진행했던 포드 사회부(Ford Sociological Department)의 과업이었다. 포드는 젠더 역할의 표준화에 중점을 두었다. 가정 밖에서 일하는 직원의 아내가 발견되면 해고의 근거가 될 수 있었다.

길브레스와 포드의 사례는 가정 합리화 프로젝트가 여성의 필요보다는 가부장제와 자본주의의 필요에 더 부합한다는 것을 보여준다. 이것은 정확하게 셀마 제임스(Selma James)와 마리아로사 달라 코스타(Mariarosa Dalla Costa)가 가사 노동 임금 지불 투쟁(Wages for Housework movement)의 선언문인 『여성의 힘과 공동체의 전복(The Power of Women and the Subversion of the Community)』에서 한 주장이다. 제임스와 달라 코스타의 분석에서 보면, 포드 프로젝트의 결과는 핵가족 구성에 있어서 자본주의와 가부장제 사이에 상호 유익이 되는 합의였다. 그들은 핵가족이 여성에게 자본으로 보상할 필요가 없는 필수 노동을 제공하도록 강요했으며, 그 힘든 일은 여성이 고립되고 남성 임금 노동자에게 종속되는 결과를 재생산했다고 관찰했다. 따라서 "핵가족의 유지는 이러한 서비스의 자동화와 양립할 수 없다. 이것들을

---

83 Antonio Gramsci, *Prison Notebooks*, vol. 1, ed. Joseph Buttigieg (New York: Columbia University Press, 1992), p. 286.

진정으로 자동화하기 위해서는 자본이 우리가 알고 있는 가족을 파괴해야 할 것이다". 가사 노동은 가부장적 권력의 관계이기 때문에, 기술은 여성을 해방시키지 못할 것이다. 대신에 여성들의 시간은 더 많은 가사 노동으로 채워질 것이다. "우리는 모두 그 말을 너무 잘 알고 있다. 언제나 집에서 할 일을 찾을 수 있다." 그들은 여성을 집안일로부터 해방시키는 것은 기술이 아니라 페미니즘이라고 결론짓는다.[84]

여성 운동에 뒤이어 등장한 가사용 기술의 역사 중 가장 찬사를 받은 것 가운데 하나인 루스 슈워츠 카원(Ruth Schwartz Cowan)의 1983년작『과학 기술과 가사 노동(More Work for Mother)』은 경험적 차원에서 제임스와 달라 코스타의 주장을 확인시켜 준다. 광고, 뉴스 기사, 특허 등 공식적인 담론들은 주부에게 일의 부담이 줄어든다고 이야기하지만, "실제로 가사 노동을 수행하는 사람들과 그들을 관찰한 사람들은 19세기 어느 때에도 가사 노동이 조금이라도 편리해지거나 힘이 덜 들게 되었다고 말하지 않았다".[85]

1860년부터 1960년까지 가사용 기술을 조사한 카원은 가사용 기술이 매우 지친 주부들의 짐을 덜어주기보다 전통적으로 남자들이 했던 집안일을 덜어주는 경향이 있다는 것을 발견했다. 가스레인지와 자동 제분기와 같은 혁신은 나무를 자르고 곡물을 빻는 일로부터 남자들을 해방시켜서 그들이 집 밖에서 더 많은 시간을 일할 수 있게 했다. 한편, 여성은 가사 노동의 더 큰 비중을 맡게 되었다. "[가정주부는] 가사 노동이라는 무거운 짐을 혼자서

---

84 Selma James and Mariarosa Dalla Costa, *The Power of Women and the Subversion of the Community* (Bristol, UK: Falling Wall Press, 1975).

85 Ruth Cowan, *More Work For Mother: The Ironies of Household Technology from the Open Hearth to the Microwave* (New York: Basic Books, 1983), p. 44. 〔루스 카원, 『과학 기술과 가사노동: 일이 더 많아진 주부』, 김성희 옮김(서울: 학지사, 1997), 55쪽〕.

감내했다. 남편과 아이들에게 집은 여가의 장소가 되었다."[86] 카원에 따르면, 가사 관리 기계화의 결과 중 하나는 가정의 여성에게 가사 의무가 확대됨과 동시에 유급 가사 노동자의 수가 극적으로 감소한 것이었다. 세탁기의 도입은 전문 세탁부에 대한 의존을 대체했으며, 대신에 주부는 무료로 그 일을 하게 되었다. 이러한 설명은 사회적 재생산 노동의 기계화는 고된 일에 소비되는 시간을 줄이기보다 성별화된 노동 분업을 강화하는 데 기여했음을 밝힌다. "이러한 결과로 가장 윤택한 계층의 주부(지금의 우리에게는 보통으로 부유한 사람)조차 직접 가사 노동을 하게 되었다."[87]

그러나 기술이 직장과 가정 모두에서 성별화된 노동 분업을 강화하는 기능을 했다는 매우 많은 페미니스트의 확언에도 불구하고, 이러한 새로운 발전이 성별화된 노동 분업을 어떻게든 약화시킬 수 있다는 믿음이 강하게 남아 있었다. 가장 주목할 만한 기술 애호 선언 중 하나는 슐라미스 파이어스톤(Shulamith Firestone)의 『성의 변증법(The Dialectic of Sex)』으로, 이 저작은 이론적 정교함과 운율의 생기로움으로 출판 이후 반세기 동안 영향력을 생생하게 유지해 왔다.[88]

파이어스톤은 여성에 대한 억압과 착취가 ― 그녀가 경제 계급과 구별되고 이에 선행한다고 주장하는 이른바 '성적 계급'이 ― 구체적으로 인간 생식과 관련된 추정된 생물학적 성차에 뿌리를 두고 있다는 주장에서 시작한다. 출산과 양

---

86 Cowan, 같은 책, p. 47. [57쪽].
87 Cowan, 같은 책, p. 197. [226쪽].
88 파이어스톤은 도나 해러웨이(Donna Haraway)의 사이보그 페미니즘의 선구자로 알려져 있으며, 선집 『#액셀러레이트(#Accelerate: The Accelerationist Reader)』(ed. Robin Mackay and Armen Avanessian, Falmouth, UK: Urbanomic, 2014)에 포함됨으로써 원조 가속주의 사상가로서 정전화(正典化)되었다. Debora Halbert, "Shulamith Firestone," *Information, Communication and Society*, 7(1) (2007), pp. 115~135 참조.

육의 고됨이 여성에게 부과됨으로써, 여성을 취약하고 남성에게 의존적인 존재로 만들었으며, 따라서 가족 구조를 통해 재생산되는 종속적 지위로 이어졌다.[89] 그러나 그녀가 보기에 생물학은 운명이 아니었다. 파이어스톤에 따르면, 새로운 피임과 수정 기술은 성적 계급의 생물학적 기초를 감소시킬 수 있는 가능성을 보여준다. 하지만 그녀는 "새로운 기술, 특히 출산 조절은 고착된 착취 체계를 강화하기 위해 [여성에게] 적대적으로 사용될 수 있다"는 점을 재빨리 지적한다. 따라서 마르크스주의적인 프롤레타리아 독재를 모델로 한 철저한 페미니스트 혁명의 필요성은 "생식 능력 조절의 점유, 즉 출산 및 양육의 사회 제도뿐만 아니라 새로운 인구 생물학"을 포함할 것이다.[90] 실제로 파이어스톤에 따르면, 페미니스트 운동의 폭발은 그러한 기술의 존재에 기반을 두고 있었다. 그녀는 "페미니즘은 여성을 성적-생식적 역할의 압제로부터 해방시킬 수 있는 기술의 발전에 대한 여성의 필연적인 반응인 것이다"라고 썼다.[91] 이런 방식으로 생식 기술은 기존의 재생산 관계인 가족과 충돌하게 되어, 페미니스트 혁명의 시대를 시작한다.

파이어스톤은 기존의 기술이 그 자체로 중립적이며 구체적인 사용 속에서만 착취적인 것이 된다고 주장하는 마르크스의 가장 기술 결정론적인 저작의 구조를 차용한다. 파이어스톤은 가난한 흑인 여성과 갈색 여성을 인간 실험 대상으로 사용하는 것과 같은 피임 기술의 잠재적이고 실제적인 남용을 조심스럽게 열거했지만, 남용은 기술 자체보다는 권력을 가진 자와 관계

89　Shulamith Firestone, *The Dialectic of Sex: The Case for Feminist Revolution* (New York: Bantam Books, 1970), p. 8. [슐라미스 파이어스톤, 『성의 변증법: 페미니스트 혁명을 위하여』, 김민예숙·유숙열 옮김(서울: 꾸리에, 2016), 21~22쪽].

90　Firestone, 같은 책, pp. 10~11. [25쪽].

91　Firestone, 같은 책, p. 31. [54쪽].

가 있다고 주장했다. 그녀는 자신의 입장을 자연을 보존하기보다 자연을 평등주의적인 방식으로 재구성하기 위해 기술을 양심적으로 사용하기 원했던 생태 근대주의자의 입장에 비유했다.

원자력 발전의 경우에서 입증되었듯이 급진주의자들은 과학적 연구의 부도덕성에 관해 가슴을 치는 것보다는, 사람에 의한 그리고 사람을 위한 과학적 발견의 지배를 요구하는 데에 모든 에너지를 집중하는 것이 훨씬 더 효과적일 수 있다. 왜냐하면 원자력 에너지처럼 생식 조절, 인공 생식, 컴퓨터 자동 제어는 부적절하게 이용되지 않는 한 그 자체로서는 우리를 자유롭게 하기 때문이다.[92]

확실히, 기술 이론가 도나 해러웨이(Donna Haraway)가 사이보그를 위해 경멸했던 '여신들'과 같은 낭만적이고 반동적인 자연 관념은 반문화에 풍부하게 있다.[93] 그러나 기술을 향한 열정은 또한 파이어스톤으로 하여금 엄청난 주장을 펼치게 만들었다. 파이어스톤은 심지어 자본주의적 가부장제하에서도 자동화가 젠더 관계에 미치는 혁신적 효과를 믿었다.

어떤 규모나 기술에서든 인간이 할 수 있는 것보다 기계가 일을 더 잘하는 사회에서는 직업을 차별할 근거가 더 이상 존재하지 않을 것이다. 그러므로 기계는 노동 착취에 기반한 계급 제도를 말살하는 완벽한 평형 장치로서의 역할을 할 수 있다.[94]

92　Firestone, 같은 책, p. 196. 〔284~285쪽〕.

93　Donna Haraway, *A Cyborg Manifesto, Socialist Review*, 80 (1985), pp. 65~108. 〔도나 해러웨이, 「사이보그 선언」, 『해러웨이 선언문』, 황희선 옮김(서울: 책세상, 2019), 15~112쪽〕.

94　Firestone, 같은 책, p. 201. 〔291쪽〕.

그러나 이 주장은 노동 과정에 대한 페미니즘적 연구에 의해 단호하게 반박되었다. 실제로 존재하는 과학 및 기술 지식과 사용의 조건 들을 무시하는 파이어스톤의 기술에 대한 무비판적인 태도는 아마도 막대기를 반대 방향으로 너무 많이 구부린 경우일 것이다.

파이어스톤의 저작이 보여주는 논쟁적 날카로움은 그것이 페미니스트들 사이에서 격렬하게 다투어졌다는 것을 의미했다. 많은 사람은 생식 기술이 여성을 출산으로부터 해방시키기보다 출산에 대한 통제의 중심을 여성으로부터 멀어지게 하고 나아가 남성 지배적인 과학 및 의학 분야로 재위치시킬 것이라고 지적했다. 예를 들어 1985년 핀레이지(Feminist International Network of Resistance to Reproductive and Genetic Engineering: FINRRAGE)는 그러한 기술과 우생학, 의학 실험, 인구 통제의 요청 사이의 연관성을 강조하면서, 다소 러다이트스럽게 "모든 형태의 출산 및 유전 공학의 연구 및 적용 중단"을 요구했다.[95] 소피 루이스(Sophie Lewis)와 같은 현대 비평가들은 핀레이지의 젠더 본질주의에 대한 깊은 애착과 남반구의 가난한 여성들의 정당한 요구를 무시하는 기술에 대한 이분법적인 관점을 포함해 그들의 공격성의 함정에 대해 올바르게 주의를 환기시킨다. 루이스가 지적하듯이, 핀레이지와 같은 폐지론적 기획은 "자본주의보다는 상품화에 대한 반대를 실행한다".[96] 그러나 이러한 한계에도 불구하고, 페미니스트 기술학자 주디스 와츠먼(Judith Wajcman)이 주장하듯이, 핀레이지는 가부장적 정치가 어떻게 기술 자체 ─ 예

---

95 FINRRAGE, "Resolution and Comilla Declaration," in *Feminist Manifestos: A Global Documentary Reader*, ed. Penny A. Weiss (New York: New York University Press, 2018), p. 307.

96 Sophie Lewis, "Defending Intimacy against What? Limits of Antisurrogacy Feminisms," *Signs: Journal of Women in Culture and Society*, 43(1) (2017), p. 98.

를 들어, 핵가족을 불안정하게 만들 수도 있는 대안적인 형태의 부모 관계가 아니라 이성애 커플의 유전적 조상을 유지하는 체외 수정 방법의 발전 – 에 배태되어 있는 지 올바르게 지적했다.[97] "출산, 수정, 그리고 모든 여성의 건강관리를 여성 의 손에 돌려주는 지식과 기술과 힘을 여성 스스로 회복하자"는 그 단체의 요구는 가부장적 기술 지배의 핵심을 뒤흔든다.[98]

전후 기간에, 자동화는 부두, 공장, 가정 어디에 초점을 맞추든 다양한 급 진 운동의 주요 정치적 발화점이 되었다. 정치적 분열은 너무나도 분명했 다. 노동자들은 반복적으로 이러한 새로운 기술에 반기를 들었고, 반면 노 조는 제멋대로인 노동자를 기계에 맞춰 훈육시키기 위해 자본과 함께 작업 했다. 1960년대에 급진주의가 심화됨에 따라, 자본은 전후 질서 전반에 걸 쳐 발생한 다양한 반발을 중심으로 한 대규모 글로벌 구조 조정의 일환으로 기술 변화의 속도에 박차를 가했다. 이러한 변화의 중심에는 반문화가 두려 움과 동시에 감응(感應)으로 맞이한 특정 기술, 즉 컴퓨터가 있었다.

---

97 Judy Wajcman, *Feminism Confronts Technology* (University Park: Pennsylvania State University Press, 1991), p. 62. 〔주디스 와츠먼, 『페미니즘과 기술』, 조주현 옮김(서울: 당대, 2001), 118~119쪽〕.

98 FINRRAGE, "Resolution," p. 309.

4
하이테크 러다이즘

1960년대의 학생 운동은 컴퓨터를 정치화한 최초의 운동 중 하나였다. 그 당시의 컴퓨터는 정부, 기업, 대학 들만이 가질 수 있었던 거대한 메인 프레임이었다. 버클리 언론 자유 운동(Berkeley Free Speech Movement)의 지도 자 마리오 사비오(Mario Savio)는 대학과 더 넓게는 전후 사회의 관료제화와 영혼 없음에 대해 공격하면서 '기계' 반대를 촉구한 것으로 유명하다.

기계의 작동이 너무 끔찍해지고 마음이 너무 아파서 참여할 수 없게 만드는 때 가 있습니다! 심지어 수동적으로도 참여할 수 없습니다! 그리고 기어와 바퀴와 레버와 모든 장치 위에서 몸을 혹사해야 합니다. 그러면 우리는 그것을 멈춰야 합니다!

역사학자 스티븐 루바(Steven Lubar)가 주장하듯이, 사비오의 시적인 탄원 은 대학의 정보 처리 기계, 즉 컴퓨터에서 영감을 받은 것으로 보인다. 1960 년대까지, 컴퓨터 펀치 카드는 사람들이 인구 조사국(Census Bureau)에서 지 역 공공 사업부의 요금 청구 부서에 이르기까지 관료와 접촉하는 접점을 대표하는 객체가 되었었다. 캘리포니아 대학교 버클리 캠퍼스(UC Berkeley)에서 학생들은 수업에 등록하기 위해 펀치 카드를 작성해야 했다. 루바는 그러한 카드가 운동 활동에 포함되었다고 언급한다.

버클리의 시위자들은 펀치 카드를 하나의 은유로, 즉 그 '시스템' — 첫째는 등록 시스템 그리고 더 일반적으로 관료 시스템들 — 의 상징으로 또한 소외의 상징으로 사용했다. 펀치 카드는 정보 기계의 상징이었으며, 그래서 상싱적인 공격 지점이 되었다.[1]

학생들은 강의 등록을 위해 설계된 펀치 카드를 파손하고 불태우고 그 밖의 방법으로 파괴했다. 한 학생은 카드에 구멍을 뚫어 'STRIKE'라는 단어의 철자를 표기했다.[2] 베트남 전쟁에 맞서 학생들의 반발이 격화되면서, 캠퍼스에 상주하는 컴퓨터를 적대하는 행위도 격화되었다. 이러한 전개는 앞뒤가 완벽하게 들어맞았다. 베트남은 어쨌든 최초의 컴퓨터를 사용한 전쟁이었다. 백악관, 펜타곤, 결국에는 사이공(Saigon)에 있는 컴퓨터가 전쟁 수행을 결정하는 방대한 양의 전자 데이터를 군사 계획자들에게 제공했다.[3]

양적 데이터 수집과 자동화된 분석에 뿌리를 둔 전략으로의 전환은 군사 문화의 급진적인 변화를 대표했다. 이것은 전쟁을 과학이라기보다는 예술로 보았던 장교단이 반대했던 것이었다. 대신, 이러한 정밀 조사는 이전에

---

1 Steven Lubar, "'Do Not Fold, Spindle or Mutilate': A Cultural History of the Punch Card," *Journal of American Culture*, 15(4) (Winter 1992), p. 46.

2 Lubar, 같은 글, p. 48.

3 Donald Fisher Harrison, "Computers, Electronic Data, and the Vietnam War," *Archavia*, 26 (Summer 1988), p. 18.

통계 분석을 사용해 포드 자동차 회사의 운명을 바꾸었던 민간인 국방 장관 로버트 맥나마라(Robert McNamara)의 지시에 의해 주도되었다. 이에 따라 펜타곤은 '전사자 수'와 같은 양적 지표로 군사적 성공을 판단했다.

전략적 계산의 영역을 훨씬 넘어, 전쟁 수행 자체가 컴퓨터화되고 자동화되었고, 그것은 '전자 전쟁터'로 알려지게 되었다. 윌리엄 웨스트모어랜드(William Westmoreland) 장군은 1969년 10월 방위 산업의 주요 인물들과의 공개회의에서 수년간 국방부의 비밀 프로젝트였던 이 개념을 공개했다.

미래의 전쟁터에서 데이터 링크, 컴퓨터 보조 정보 평가, 자동화된 사격 통제의 사용을 통해 적군은 거의 즉각적으로 위치 파악되고, 추적되며, 표적이 될 것입니다. … 오늘날 기계와 기술은 실제로 공장에 있는 것처럼 전쟁터에서 인력을 절약시켜 줄 것입니다. 그러나 미래는 경제에 더 많은 가능성을 제공할 것입니다. 저는 미국 국민들이 이 나라가 기술을 최대한 활용하기를 기대하고, 가능한 모든 곳에서 인간을 기계로 대체할 발전을 환영하고 갈채를 보내고 있다고 확신합니다.[4]

제2차 세계대전 당시 공장의 자동화와 같이, 전자 전쟁터에서 앞장선 것은 육군이 아닌 공군이었다. 이글루 화이트(Igloo White) 작전은 감지기 배열, 커뮤니케이션 네트워크, 항공기를 결합해 호찌민 트레일(Ho Chi Minh Trail, 베트남 전쟁 시기에 북베트남군이 남베트남을 공격하기 위해 라오스와 캄보디아 영토를 경유해 병력과 군수품을 이동시키던 경로 – 옮긴이)을 따라 이동하는 북베트

4　Address by General W. C. Westmoreland to the Association of the US Army, US Senate Congressional Record, October 16, 1969, 30348.

남군을 방해했다. 이언 쇼(Ian Show)는 지리학적 연구에서 다음과 같이 언급했다.

감지기가 주변 상황에서 지나가는 트럭 소리, 땅의 진동, 베트콩(남베트남 민족해방전선, National Liberation Front: NLF) 병사의 화학적 '냄새' 또는 심지어 빛의 변화와 같은 자극을 감지하면, 록히드 EC-121 비행기를 포함해 근처의 지상과 공중의 수신기들에 전파 신호를 전송했다.[5]

이러한 '공중 수신기'는 반전 단체인 '사회적·정치적 행동을 위한 과학자와 엔지니어 들(Scientists and Engineers for Social and Political Action)'이 만든 팸플릿에서 언급하듯이, 궁극적으로 인간 조종사를 대체할 의도를 가진 실험의 일부인 '무인 드론'이었다.[6] 폭격기는 컴퓨터 알고리즘에 의해 목표물로 향했고, 심지어 폭탄의 방출도 종종 자동으로 이루어졌다.[7]

전쟁의 자동화는 산업의 자동화와 마찬가지로 베트남에서 반발하는 일반 군인에 대한 통제권을 분명히 하는 중요한 수단이었다. 반전 운동이 성공적으로 육군으로 확산되면서, 군인들은 점점 더 전투를 거부하고, 장비를 파괴하고, 파괴적인 시위를 벌이고, 심지어 지휘관을 살해했다. 사기는 붕괴 상태에 빠졌다. 그러나 지상군을 공중 폭격으로 대체하는 것 자체가 점점

---

5 Ian G. R. Shaw, "Scorched Atmospheres: The Violent Geographies of the Vietnam War and the Rise of Drone Warfare," *Annals of the American Association of Geographers*, 106(3) (2016), p. 695.

6 Science and Engineers for Social and Political Action, *Science against the People* (Berkeley: SESPA, 1972), p. 8.

7 Paul Dickson, *The Electronic Battlefield* (Takoma Park: FoxAcre Press, 2012), p. 85.

자동화되었으며, 반발하는 군대를 갈등 연장 상황에서 제거했다. 많은 반전 단체들의 결론은 그러한 자동화가 군사적 특권에 의해 좌우되는 것만큼이나 정치적 전략이라는 것이었다.[8]

데이터 처리와 함께 군사 컴퓨팅 프로젝트의 연구 개발의 대부분은 대학의 컴퓨터 공학과에 의존했는데, 그 학과들은 그로 인해 반전 투쟁에 휘말렸다. 참여 과학자 모임(Union of Concerned Scientists), 민중을 위한 과학(Science for the People), 평화를 위한 컴퓨터인(Computer People for Peace)과 같은 단체들이 미국 군사주의와의 협력에 반대하는 과학 전문가들 사이에서 형성되어 이목을 집중시켰다. 그리고 학생 운동은 장난스럽게 펀치 카드를 훼손하는 것을 훨씬 뛰어넘는 대결을 벌이면서 컴퓨터의 표적화를 강화했다. 매사추세츠주 케임브리지(Cambridge)에 기반을 둔 학생 출판물인 『늙은 두더지(Old Mole)』가 1969년 "MIT를 박살내자"라는 진지한 제목을 단 한 기사는 다음과 같이 언급했다.

MIT는 인류에 봉사하는 과학적·사회적 연구의 중심이 아니다. MIT는 미국 전쟁 기계의 한 부분이다. MIT로 유입된 매년 1억 달러 이상의 펜타곤 연구 개발 자금은 MIT를 미국에서 열 번째로 큰 국방부 연구 개발 계약자로 만들었다.[9]

---

8 퀘이커 반전 단체인 '군산 복합체에 대한 국민 행동과 연구(National Action/Research on the Military Industrial Complex: NARMIC)'에서 제작한 주목할 만한 슬라이드쇼를 참조하라. 이 글을 쓰는 시점을 기준으로 미국 퀘이커 봉사 위원회(American Friends Service Committee)가 업로드한 30분 52초짜리 유튜브(YouTube) 동영상 '자동화된 공중전(Automated Air War)'에서 볼 수 있다.

9 Immanuel Wallerstein and Paul Starr eds., *University Crisis Reader*, vol. 2 (New York: Vintage, 1971), pp. 240~241.

1970년 5월 4일 켄트 주립 대학교(Kent State University)에서 주방위군이 시위자와 구경꾼 들을 향해 총기를 난사한 사건은 미국 전역의 캠퍼스에 분노의 불을 붙였다. 컴퓨터는 종종 표적이 되었다. 5월 7일 학생 시위자들은 시러큐스 대학교(Syracuse University)의 컴퓨터 센터를 잠시 점령했다.[10] 며칠 후, 격앙된 일주일간의 캠퍼스 시위에 이어서 활동가들은 위스콘신 대학교(University of Wisconsin)의 컴퓨터실을 점령했고, 그 과정에서 메인 프레임을 파괴했다.[11] 뉴욕 대학교(NYU)에서도 150명의 시위자들이 문을 부수고, 컴퓨터실을 점령했다. 그들은 이틀 후 천천히 불붙는 퓨즈에 연결된 즉석 네이팜(napalm)을 메인 프레임에 설치해 놓고 점령을 포기했다. 두 명의 수학과 교수가 폭발물이 터지기 전에 겨우 퓨즈를 끊었다. 조교수 한 명과 대학원생 조교 한 명이 나중에 이 사건과 관련해 체포되었다.[12] 스탠퍼드 대학교(Stanford University)에서는 심각한 피해는 없었지만 컴퓨터 센터에 불이 났다. 몇 달 후인 1971년 2월 초 활동가들은 국방부 활동으로부터 스탠퍼드 컴퓨터 자원을 회수할 것을 요구하는 연설을 하고 전단지를 배포하면서 다시 센터를 표적으로 삼았다. 한 연설은 컴퓨터를 표적으로 삼는 것의 전술적 가치를 강조했다.

저는 파업에 대해서는 말하지도 않을 것입니다. 어느 쪽이든 그것은 상관이 없

---

10 Jonathan Croyle, "Throwback Thursday: Student Protests Close Syracuse University in 1970," *Post-Standard* (Syracuse), May 5, 2016, syracuse.com.

11 "Vietnam War Protests at the University of Wisconsin-Milwaukee: The Student Strike and Later Protests, 1970-1972," University of Wisconsin-Milwaukee Libraries, guides.library.uwm.edu.

12 James Barron,"The Mathematicians Who Ended the Kidnapping of an NYU Computer," *New York Times*, December 6, 2015, nytimes.com.

습니다. 그러나 저는 공격받아야 하고 가장 세게 공격을 받아야 하고 공격받을 수 있는 장소는 여기만이 아니라 모든 대학 캠퍼스와 전국의 모든 도시에 있는 컴퓨터 센터들이라는 것이 명백하다고 생각합니다. 컴퓨터 센터들은 어디서나 가장 취약한 장소입니다. … 그것은 단지 한 시간의 지연을 의미할 수도 있고, 하루의 지연을 의미할 수도 있습니다. 한 주의 지연을 의미할 수도 있고 한 달 또는 1년의 지연을 의미할 수도 있습니다. 그것은 아무도 모릅니다. 그것은 전력 부족으로 무엇이 파괴되었는지에 달려 있습니다. 핵심 기억 장치에서 파괴된 것일 수도 있고, 기록이 파괴된 것일 수도 있고, 너무 높은 온도로 인해 테이프 보관소에서 파괴된 것일 수도 있습니다. 그것은 아무도 모릅니다.[13]

컴퓨터가 장악하다

1970년대기 지나가면서, 시위는 흐시부지되고, 급진적인 에너지는 종종 국가와의 대립에서 벗어나서 반문화적인 실천으로 흘러갔다. 이러한 실천의 일부는 극단적인 반기술적 입장을 취했고, 다른 실천은 ─ 가정용 컴퓨터의 마케팅에서 이후에는 인터넷의 마케팅에서 점점 헤게모니적인 견해가 된 ─ 컴퓨터를 개인 해방을 위한 대상으로 복원시키기 시작했다.[14] 그러나 요동치는 반전 운동의 에너지와 그 여파를 넘어서 컴퓨터는 노동의 세계에서 또 다른,

---

13 US Senate Congressional Record, February 21, 1972, pp. 4786~4787.

14 이러한 전환에 대한 자세한 역사적 설명을 위해서는 프레드 터너(Fred Turner)의 명저인 『반문화에서 사이버문화로(*From Counterculture to Cyberculture*)』(Chicago: University of Chicago Press, 2006)와 함께 리처드 바브룩(Richard Barbrook)과 앤디 캐머런(Andy Cameron)의 글 「캘리포니아 이데올로기(The Californian Ideology)」(*Science as Culture*, 6(1) (1996), pp. 44~72) 참조.

더 깊은 재구조화의 일부였다.

기계와 노동 과정에 대한 해리 브레이버먼의 고전적인 분석인『노동과 독점 자본(Labor and Monopoly Capital)』은 이러한 전환에 대한 지속적인 검토로 결론을 맺었다. 브레이버먼은 컴퓨터가 공장 작업에 자동화를 도입한 것과 유사한 테일러주의적 효과를 가지고 있다고 보았다.

> 자동화가 이루어졌을 때, 기계에 의한 작업 속도의 조정은 통제를 위한 무기로서 사무 관리에 점차 애용되었다. 사무 정보를 표준화된 '비트'로 환원해 컴퓨터 시스템 및 기타 사무 장치로 처리함으로써 관리자는 작업자별, 부서별, 부문별 표준 작업량과 실질 작업량을 자동적으로 계산할 수 있게 되었다.[15]

공장에서와 마찬가지로 사무실에서의 테일러주의는 사무실 업무를 특징지었던 보다 자율적이고 감정적인 특성을 습관화하고 탈숙련화시키면서 지식을 실행으로부터 분리하려고 했다. 공장에서와는 달리, 노동자가 표를 만들고 복사하는 기계의 부속품이 되면서, 이러한 분리는 육체노동을 줄이기보다는 늘리는 데 기여했다. 1960년 국제 노동 기구(International Labour Organization: ILO)의 한 보고서는 "익숙하지 않은 기계 작동의 결과로 인한 근육 피로, 요통, 그리고 다른 그러한 아픔들"에 대한 백인 화이트칼라 노동자의 불만을 기록했다.[16] 그리고 1961년에 출판된 아이다 후스(Ida Hoos)의『사무실 자동화(Automation in the Office)』는 이러한 변화에 수반되는 과로에 대한 노

---

15 Braverman, *Labor and Monopoly Capital*, p. 334. 〔브레이버먼,『노동과 독점자본』, 286쪽〕.

16 Shoshana Zuboff, *In the Age of the Smart Machine: The Future of Work and Power* (New York: Basic Books, 1989), p. 120에서 재인용.

동자들의 불만을 기록했다. 후스의 한 정보 제공자에 따르면, "없애버린 직무의 범위는 어느 정도의 기능과 판단을 요구하는 직무이다. 나머지 직종은 제표 및 천공 작업이지만 작업이 컴퓨터에 연동되면서 이것마저 점점 단순화되어 변화를 잃고 습관화된다".[17]

브레이버먼의 1974년 종합 테제는 '화이트칼라 프롤레타리아'라고 명명된 것의 본질에 대한 논쟁을 촉발했다. 사무실 업무의 탈숙련화는 니코스 풀란자스(Nicos Poulantzas)가 그의 계급 이론에서 '새로운 프티 부르주아지'라고 정의했던 계급의 의식을 전환시켜서, 유순한 타자수와 대학 교육을 받은 전문가 들을 관리자에 대항해 조직하는 투사로 변화시킬 것인가? 종종 이론적 추상화의 정점에서 벌어진 논쟁은 궁극적으로 결론을 내리지 못했다. 대신, 컴퓨터화된 업무 구조 조정에 대해 가장 적절한 현상학적 관찰을 제공했던 이는 경영 대학원의 한 문화 기술지 학자일 것이다.

1980년대 초 공장과 직장에서 문화 기술지 조사를 수행한 사회과학자 쇼섀너 주보프(Shoshana Zuboff)는 컴퓨터 공급으로 인한 산업 노동 과정의 변화를 관찰할 수 있는 좋은 위치에 있었다. 주보프는 마르크스주의자는 아니었지만, 기술이 계급 투쟁의 발화점이라는 것을 인식했다. 그녀는 "피고용인들이 새로운 자기 보호 및 심지어 사보타주 방법을 발견하는 한편 관리자들은 확실성과 통제를 향상시키는 새로운 방법을 발명하면서, 새로운 기술 하부 구조는 테크닉의 전쟁터가 된다"고 썼다.[18]

주보프는 새로운 컴퓨터화의 물결을 두 가지 서로 얽혀 있는 특성을 포함하고 있는 것으로 보았다. 노동 과정이 컴퓨터화된 기술에 의해 자동화되

17 Braverman, *Labor and Monopoly Capital*, p. 336에서 재인용. 〔288쪽〕.

18 Zuboff, *In the Age of the Smart Machine*, p. 7.

자, 노동 과정은 고전적인 테일러주의의 명령을 따랐다. 관리자는 노동자가 일정 정도의 통제력을 축적한 곳에서 노동 과정의 부분들을 재조직하기 위해 기계를 사용했다. 그러나 노동 과정이 자동화됨과 동시에 노동도 컴퓨터에 의해 '정보화'되어 데이터의 형태로 노동 과정의 실제 시간 기록을 생성했다. 그녀가 관찰한 바와 같이, "프로그램 가능한 컨트롤러는 기계에게 무엇을 해야 하는지 – 운영 장비를 유도하는 정보를 부과하는 것 – 알려줄 수 있을 뿐만 아니라 기계가 무엇을 했는지 – 생산 과정을 번역해 그것을 가시화하는 것 – 도 알려준다".[19]

결과적으로, 노동 과정의 정보화는 두 가지 관련된 효과가 있었다. 한편으로, 그것은 작업의 구조(texture) 자체, 즉 작업의 체화된 성질과 노동자에게 알맞은 작업의 전체적인 현상학을 변화시켰다. 노동의 능력은 이전에는 육체적 반복을 통해 얻은 지혜, 즉 많은 노동자가 아무리 경험이 있어도 말로 표현하기 불가능한 축적된 육체적 실천에 뿌리를 둔 일종의 암묵적 지식에 의해 정의되어 왔다. 그러나 노동자의 기량을 대체하기 위한 기계, 특히 컴퓨터 인터페이스의 도입으로 직업은 체화된 작업의 집합이 아니라 노동자가 인지적으로 해석하고 이해해야 하는 추상적인 명령의 집합이 되었다.

이러한 새로운 노동 과정의 구조는 육체적이라기보다는 정신적이었기 때문에 그러한 환경 안에 있는 노동자는 신체 규율과 신체적 움직임에 의존했던 오래된 방법을 사용해 관리될 수 없었다. 정보화된 작업장에서 노동자를 관리하기 위해서 관리자는 노동자의 가치와 욕망이 회사의 필요에 더 잘 부합하도록 **정신**을 훈육할 필요가 있었다. 주보프는 "사람들이 하는 일이 더 추상적인 것이 되면서, 긍정적인 동기 부여와 내적인 헌신의 필요성이 더욱

---

19 Zuboff, 같은 책, p. 10.

중요해진다"고 언급했다.[20] 노동자는 어떻게 그러한 방식으로 관리자의 특권을 내재화할 것인가? 그녀의 통찰력 있는 결론은 바로 그 동일한 컴퓨터가 각 노동자의 행동과 전반적인 노동 과정에 대한 상세한 설명을 관리자에게 제공해 과거 세대 과학적 관리자들이 가졌던 가장 터무니없는 환상을 충족시킨다는 것이다. 그리고 컴퓨터화는 하나의 관리 도구를 넘어서 작업장을 미셸 푸코(Michel Foucault)가 묘사한 파놉티콘, 즉 총체적 감시 환경이 권력의 명령을 내재화하게 만드는 곳으로 변화시켰다. 데이터로 표현되는 권력은 객관적인 것, 즉 어느 누구도 논박할 수 없는 사실이 된다. 한 노동자는 주보프에게 다음과 같이 말했다.

> 이러한 시스템에는 의심의 여지가 없습니다. 결과는 진실입니다. 시스템은 관리자에게 진실을 가져다줍니다. 이것은 관리자들이 실제로 무슨 일이 일어나고 있는지 볼 수 있고, 그들이 문제에 달려들어 집중해야 한다는 것을 뜻합니다. 그것은 공동 인식을 만들어냅니다. 우리는 실제로 일어난 일에 대해 싸우기보다 결국 함께 일하는 처지에 이르게 됩니다.[21]

그러나 컴퓨터가 작업장에서 충돌이 일어나는 많은 감정적인 발화점을 재구성했지만, 노동자와 관리자 사이의 갈등을 완전히 근절할 수는 없었다. 디지털 파놉티콘 작업장에서 갈등은 혼동, 비가시성, 무엇보다 컴퓨터의 조작을 중심으로 노동자들이 '수동적 저항'이라고 불렀던 전복적 성격을 띠었다. 암호가 맞으면 숫자를 날조할 수 있었고, 태만이 탐지되었을 때도, 컴퓨

---

20 Zuboff, 같은 책, p. 291.
21 Zuboff, 같은 책, p. 347.

터 오류 탓을 하는 것이 인기 있고 효과적인 기법이 되었다.[22]

세계를 과정화하기

주보프가 관찰했던 것과 같은 컴퓨터에 대한 산발적인 수동적 저항의 순간들은 샌프란시스코 만안 지역의 독특한 잡지인 ≪프로세스드 월드(Processed World)≫의 직접적인 관심사였다. 1980년대 초 IT 혁명의 중심에 위치한 ≪프로세스드 월드≫는 새로운 기술에 대한 양면성을 날카롭게 하고 그것을 예리한 적대감으로 만들어내려고 했다. 편집자들에 따르면, 출판의 두 가지 목표는 "불만스러운 사무직 노동자(그리고 임금 노동자 일반)를 위한 접점과 포럼 역할을 하고, 돈 때문에 하는 일로 인해 재능을 발휘하지 못하는 사람들에게 창조적인 배출구를 제공하는 것이었다".[23] 이에 따라 ≪프로세스드 월드≫는 만화, 광고 패러디, 시 그리고 전체적으로 풍자적이고 아이러니한 어조와 함께 점점 더 활기를 띤 편집자에게 보내는 편지 섹션을 특별히 포함했다. 이 잡지가 밑으로부터의 저항과 풀뿌리 창조성을 강조하게 된 것은 상황주의 인터내셔널(Situationist International)의 영감을 받았으며, 자본주의 비판을 전통적인 작업장 투쟁에서 "모든 곳의 진부함, 위선, 순응주의, 둔감함"으로 확장하는 그들의 모델, 즉 단지 노동에 대한 비판만이 아니라 일상생활에 대한 비판을 따른 것이었다.[24]

'실리콘 밸리'가 앱 대신에 마이크로칩을 원용했던 1981년에 창간된 ≪프

---

22 Zuboff, 같은 책, pp. 352~353.

23 Chris Carlsson and Adam Cornford, "Talking Heads," in *Bad Attitude: The Processed World Anthology* (London and New York: Verso, 1990), p. 7.

24 Carlsson and Cornford, 같은 책, p. 13.

로세스드 월드≫는 여전히 작업장의 고난에 뿌리를 두고 있었으며, 당황스러운 사무실 노동의 재구성에 대한 '일상적 경험'을 기록하고 IT 노동의 추이(推移)에 대한 초기의 전투적인 탐구를 제공했다. 역사학자 스티브 라이트(Steve Wright)가 표현하듯이, ≪프로세스드 월드≫는 "정보 및 정보 기술과 관련된 일에 종사하는 피고용인의 노동 과정, 문화와 행동, 다른 말로 계급 구성"에 대한 장황한 분석을 제공했다.[25] 저자들이 스스로 인정한 바에 따르면, 이러한 분위기에서 계급 의식은 낮았고, 노동 조직은 실질적으로 존재하지 않았다. 따라서 ≪프로세스드 월드≫의 목적은 어떤 경향이 존재하는지 조사하고, 가능하면 노동 경험에 대한 불경스러운 유머와 상세한 분석을 혼합해 노동자 저항의 초기 불씨를 지피는 것이었다. ≪프로세스드 월드≫의 가장 중요한 개입 가운데 하나는 토론의 장을 제공함으로써 원자화된 선동가들에게 서로의 존재를 단순히 알리는 것이었다. 한 익명의 편지 작성자는 "처음 읽는 법을 배운 이후로 이렇게 고마웠던 적이 없었던 것 같아요"라고 말했다.[26]

≪프로세스드 월드≫에서 가장 악명이 높은 에세이는 1930년대의 논쟁적인 IWW 소책자를 상기시켰다. 한 사무실 노동자가 '기제트 디지트(Gidget Digit)'라는 필명으로 쓴 「사보타주: 궁극의 비디오 게임(Sabotage: The Ultimate Video Game)」은 기계 파괴의 미덕을 찬양한다. 그녀는 "작업 환경을 파괴하고 싶은 충동은 아마도 임금 노동 자체만큼이나 어쩌면 그보다 더 오래되었을 것이다"라고 생각한다. 디지트는 이 오래된 욕망을 사무실의 새로운 기

---

25 Steven Wright, "Beyond a Bad Attitude? Information Workers and Their Prospects through the Pages of Processed World," *Journal of Information Ethics*, 20(2) (2011).

26 "J.M.," in *Bad Attitude*, p. 43.

술적 장치, 즉 컴퓨터 터미널과 팩스기라는 "부술 수 있는 새로운 기계 장치들"과 연결시키는 데까지 나아간다. "제어와 감시를 위해 설계된 그것들은 종종 우리의 불만의 직접적인 근원으로 나타난다. 그것을 훼손하는 것은 분노를 발산하거나 몇 분 더 '휴식 시간'을 얻을 수 있는 빠른 방법이다."[27] 고맙게 여긴 한 독자는 나중에 잡지에 "나는 사보타주의 변증법적 함축성에 대한 논쟁은 이론가에게 맡겨둘 것이다. 기본적으로 사보타주를 해야 할 한 가지 거부할 수 없는 이유가 있다. 그것은 여러분을 '기분 좋게' 만들 것이다"라고 썼다.[28]

그러나 디지트는 파괴 행위가 파괴하는 사람에게 아무리 기쁜 일이라 하더라도 그러한 기물 파손을 순간적인 퇴보로 묘사하는 것을 넘어선다. 그녀는 그것을 사무실에서의 지속적인 투쟁의 한 구성 요소로 이론화한다. 이런 의미에서 기계 파괴는 계급 구성이라는 복잡한 스튜의 한 가지 재료이다.

> 사보타주는 계산기를 부수려는 피할 수 없는 욕망 그 이상이다. 그것은 단순한 기계 증오의 표현도 아니고 컴퓨터 기술의 도입을 통해서만 나타나는 새로운 현상도 아니다. 사보타주의 형태는 사보타주가 일어나는 배경에 의해 주로 형성된다. 새로운 사무실 기술의 사보타주는 근대의 사무실이라는 더 큰 맥락, 즉 노동 조건, 관리자와 노동자 사이의 갈등, 노동 과정 자체의 극적인 변화, 마지막으로 사무직 노동자들 사이의 관계를 포함하는 맥락 안에서 발생한다.[29]

---

27 Gidget Digit, "Sabotage: The Ultimate Video Game," in *Bad Attitude*, p. 59.
28 "D.E.," in *Bad Attitude*, p. 31.
29 같은 글.

디지트에 따르면, 이러한 맥락은 제조업에서 '눈부신 정보 분야'로 노동을 재구성하는 과정의 일부였다. 심지어 개인용 컴퓨터가 가정에 들어오기도 전에, 디지트는 주보프처럼 새로운 노동 기술의 감시 잠재력을 내다보면서 디지털 미래의 유연한 노동 일상에 대해 기술 낙관론자들이 파는 엉터리 만병통치약을 알아보았다. 그녀가 관찰한 바대로, "사실, 많은 새로운 시스템이 제공하는 관리 통계 프로그램은 사무직원을 감독관의 시선으로부터 해방시키는 것이 아니라 어디서 작업이 이루어지는지 상관없이 각 노동자의 생산량을 세밀하게 조사할 수 있게 한다".[30]

디지트는 브레이버먼의 노선을 따른다. 자동화의 최신 특색으로서 컴퓨터는 관리 통제를 더 분명히 하기 위해 작업을 파편화하고 재조직한다. 다시 말해, 컴퓨터는 복사기와 전화기의 개인적 사용, 지각, 빈둥거리기, 장난하기와 같은 반항적인 실천 관행을 약화시킴으로써 "사무실 노동자의 낮은 생산성에 기여하는 … 노동 문화의 유형"을 붕괴시킬 것이다. 디지트는 정보 기술이 자율적이고 창조적인 자유 시간의 대가로 확대된 선택권을 제공하며, 비디오 게임, 홈 쇼핑, 케이블 텔레비전 등을 통해 여가에 침투하면서 이러한 통제가 일상으로 확대될 것이라고 예측한다. 그녀의 말대로, "이러한 전자 마을의 주민들은 개인 '사용자 ID' 내에서는 완전한 자율성이 허용되지만, '운영 체제'의 '프로그래밍'에 참여하는 것은 체계적으로 배제된다".[31]

디지트의 기술의 정치화는 자동화와 관련해 ≪프로세스드 월드≫ 편집자들 사이에 균열을 드러냈다. 톰 아타나시우(Tom Athanasiou)는 오늘날의 '완전 자동화주의자'에 매우 근접한 노선을 취했다. "자동화가 가치 저하되는

---

30 Zuboff, "Sabotage," p. 63.
31 Zuboff, 같은 글, p. 64.

일자리를 제거함으로써 생계를 위협했지만, 컴퓨터 기술에 본질적으로 나쁜 것은 없으며 다른 사회에서는 모든 종류의 방식으로 우리의 삶을 향상시키는 데 사용될 수 있다." 아타나시우는 심지어 "사람들이 자신을 위해서 또한 다른 이를 위해서 일하고, 연구하고, 창조하고, 여행하고, 삶을 나누는" 공산주의 유토피아를 스케치하기까지 했다. 아타나시우는 실패로 끝난 칠레의 사이버신(Cybersyn) 경제 관리 프로젝트에 고개를 끄덕이며, "컴퓨터는 자원에 대한 필요를 충족시키고 잠재적 흑자와 적자를 정확하게 파악할 수 있다"고 주장했는데, 이것은 시장 없는 풍요 사회를 위한 병참 기반이다.[32] 편집자 맥신 홀츠(Maxine Holz)는 이러한 입장에 반대했다. 그녀는 컴퓨터의 긍정적 측면을 인정하면서, "현대 기술의 광범위한 실행의 직접적인 결과는 노동자 및 직접적인 영향을 받는 사람 들에게 불리하다. 나는 이러한 도구가 만들어내는 조건의 현재 현실을 간과하지 않는 것이 중요하다고 생각한다"고 주장했다.[33] ≪프로세스드 월드≫의 역할은 유토피아나 가능한 미래를 스케치하는 것이 아니었다. 그 역할은 IT 부문에서 실제로 존재하는 투쟁을 기록하고 그럼으로써 연합하는 것이었다.

그녀의 진단에도 불구하고, 만연한 사무실 기술의 사보타주, 즉 "우리의 동의 없이 도입되고 있는 변화에 저항하고자 하는 공동의 욕구"에 비추어서, 디지트는 '컴퓨터 퇴출 또는 전환을 위한 프랑스 위원회(French Committee to Liquidate or Divert Computers)'와 같은 그룹들에 의한 러다이트식의 파괴에 반대했다. 대신, 그녀는 "컴퓨터를 전복시키는 보다 긍정적인 목표"를 향한

---

32 Tom Athanasiou, "New Information Technology: For What?," *Processed World*, 1 (April 1981).

33 Holz, "Letters," *Processed World*, 9, pp. 7~8.

상황주의자의 기술적 전환 **전유**(detournement) 노선을 주장했다.[34] 우리는 디지트의 반응을 기술에 전적으로 반대하기보다는 기술 내에서 그리고 기술을 통해 저항하는 해커의 방식에 대한 초창기의 지지로 볼 수 있을지도 모르겠다.

해커 문화는 자유주의자로부터 자유 지상주의까지 반동 보수주의에 대해 급진적인 모든 종류의 정치에 속하는 것으로 여겨져 왔다. 그리고 확실히 해커들은 이 모든 방면의 정치적 프로젝트에 참여해 왔다.[35] 그러나 해커들의 기술 정치는 복잡하고, 다소 놀랍게도 종종 러다이트적이다. 왜 그런지 이해하기 위해서 우리는 기술적 통제에 대해 해커들이 펼친 투쟁의 초기 사례 중 하나인 자유 소프트웨어 운동을 살펴봐야 한다.

하이테크 러다이트

가장 열정적이고 숙련된 기술 사용자들 가운데 일부를 비교적 초보적인 기계에 맞서 큰 망치를 휘두른 직조공에 연관시키는 것은 반직관적이고 심지어 역설적으로 보일 수 있다. 1982년 영화 〈워 게임(War Games)〉에서 자

---

34 Digit, "Sabotage," p. 65.

35 이러한 논쟁에 중요한 기여를 한 연구는 다음과 같다. Gabriella Coleman and Adam Golub, "Hacker Practice: Moral Genres and the Cultural Articulation of Liberalism," *Anthropological Theory*, 8 (2008), pp. 255~277; Gabriella Coleman, *Hacker, Hoaxer, Whistleblower, Spy: The Many Faces of Anonymous* (New York: Verso, 2014). 〔가브리엘라 콜먼, 『어나니머스의 여러 가지 얼굴: 트롤에서부터 액티비스트까지』, 이연주 옮김(서울: 에이콘, 2016)〕. 또한 2013년 9월 5일 클렘슨 대학교(Clemson University)에서 열린 데이비드 골럼비아(David Golumbia)의 강연 "사이버 자유 지상주의: '디지털 자유'의 극단주의적 토대(Cyberlibertarianism: The Extremist Foundations of 'Digital Freedom')"도 참조. 그의 블로그 *Uncomputing*, uncomputing.org에서 확인할 수 있다.

신의 생물학 성적을 바꾸기 위해 컴퓨터와 전화 모뎀을 사용하는 어린 매슈 브로더릭(Matthew Broderick)이든지 아니면 기이 포크스(Guy Fawkes) 가면을 쓴 '익명(Anonymous)' 집단이든지 간에, 해커들의 대중적인 재현은 디지털 기기와 기술적 노하우를 힘의 원천으로 묘사한다. 그래서 사회 부적응 사이버 범죄자의 이미지는 사회를 영원히 바꾸기 위해 그의 (그렇다) 기술적 장악력을 폭발시키는 별난 실리콘 밸리 기업가로 품위 있게 변화되었다. 해커들은 기계를 부수기보다는 기계를 껴안는다. 그래서 그들은 지구상에서 가장 러다이트적이지 않은 인물들 가운데 일부여야 한다.

그러나 실제로 존재하는 해커들이 실천하는 해커 정치의 내용을 살펴보면, 다른 그림이 부각된다. 해커들은 기술을 칭송하기는커녕 종종 가장 비판적인 기술 사용자이며, 컴퓨터 사용자 행동을 합리화하고 통제하기 위한 기업의 조치를 전복시키기 위해 철저하게 기술을 사용한다. 그들은 종종 철저히 러다이트이다.

해커 러다이트 저항 조직 가운데 가장 초기이자 가장 영향력 있는 예 중 하나는 이단자 프로그래머 리처드 스톨먼(Richard Stallman)이 이끄는 자유 소프트웨어 운동이다. 스톨먼이 말하듯이, 소프트웨어가 맨 처음부터 설계되어야 했던 초기에 프로그래머들은 일상적으로 코드를 공유했다. 그는 선언문 『자유 소프트웨어, 자유 사회(Free Software, Free Society)』에서 "다른 대학이나 회사의 사람들이 프로그램을 복사하고 사용하기를 원할 때마다 우리는 기꺼이 허락했다"고 설명한다. "만약 익숙하지 않고 흥미로운 프로그램을 사용하는 사람을 본다면, 언제나 소스 코드를 볼 수 있도록 그 사람에게 요청해 소스 코드 일부를 읽고, 변경하거나 떼어내서 새로운 프로그램을 만들 수 있었다."[36] 코드를 공유하고 복사하는 것은 초기 컴퓨터 해커 문화 안에서 필수적인 관행, 즉 교육과 자율성과 생산성을 향상시킨 관행이 되었다.

개인 컴퓨팅의 성장은 소프트웨어에 대한 수요 증가로 이어졌고, 소프트웨어를 공들여 만드는 작품이 아니라 사고팔 수 있는 상품으로 변화시킴으로써 이러한 수요를 충족시키려는 소프트웨어 회사의 등장으로 이어졌다. 그러나 각 사용자에게 소프트웨어 개별 복사본을 판매하려는 기업가의 계획은 초기 컴퓨팅의 취미 생활 문화에 이미 깊이 박혀 있던 광범위한 코드 복사 및 공유 관행과 충돌했다. 1976년에 그러한 기업가들 중 한 명인 빌 게이츠는 그 취미 생활 공동체에 신랄한 편지를 썼다. "대부분 소프트웨어를 훔칩니다. 하드웨어는 비용을 지불해야 하지만, 소프트웨어는 공유하는 것으로 되어 있습니다. 소프트웨어를 위해 일한 사람들이 돈을 받는지 누가 신경 쓰겠습니까?"[37]

소프트웨어 산업의 압력으로 미국 대법원은 컴퓨터 코드가 저작권의 대상이라고 판결했는데, 이는 소프트웨어를 수정하기 위해 코드를 자주 복사하는 스톨먼과 같은 프로그래머들의 노동 조건을 위협하는 결정이었다. 갑자기 복사는 범죄가 되었다. 이에 대응해, 스톨먼은 소스 코드의 개방적인 공유를 보호하기 위해 설계된 이른바 카피레프트(copyleft)라고 불리는 대안적인 소프트웨어 라이선스를 공식화했다. 하나의 소프트웨어가 스톨먼의 GNU 일반 공중 사용권(GNU General Public license)과 결합할 때, 그것은 두 가지 기본 원칙을 채택한다. 사용자는 코드를 보고 수정할 수 있으며, 그 코드로 만들어진 새로운 프로그램은 GNU 사용권을 따라야 한다. 해커와 땜장이(tinkerer)의 헌신적인 기반에 의해 추진된 스톨먼의 사용권은 자유 소프

36 Richard Stallman, *Free Software, Free Society* (Boston: Free Software Foundation, 2002), p. 17.

37 Bill Gates, "An Open Letter To Hobbyists," *Homebrew Computer Club Newsletter*, 2(1) (Mountain View, California: Homebrew Computer Club, January 1976), p. 2.

트웨어라고 불리는 — 심지어 상업적으로도 — 크고 성공적인 생태계의 성장에 기여했다.

자유 소프트웨어는 러다이트 기술, 즉 자본가에 의한 노동 과정의 통제 부과에 대항해 실무자의 자율성을 보존하기 위한 혁신의 한 예이다. 자유로운 오픈 소스 소프트웨어는 소프트웨어 저작권을 '파괴'하고 저작권에 연관된 폐쇄적이고 독점적인 사업 모델에 도전함으로써, 수십 년 동안 프로그래머의 독립적이고 수공업 같은 노동 조건을 보존하는 데 도움이 되었다. 운영 체제 리눅스(Linux)와 같은 중요한 소프트웨어 프로젝트를 시작하는 것 외에도, 자유 소프트웨어 운동은 업계에서 비독점적인 코딩 언어를 표준으로 확립하는 데 도움 되는 역할을 했으며, 이는 기술 개발이 대기업에 의해 배타적으로 통제되는 것이 아니라 개방적인 공동체 참여를 통해 이루어질 수 있음을 의미했다.[38]

자유 소프트웨어의 성공적인 투쟁은 또한 디지털 문화를 지속적으로 특징짓는 지식 재산권에 대한 반감을 정치화하는 데 도움이 되었다. 왜 코드에서 멈추는가? 해커들은 소프트웨어를 해방시키는 것에서부터 게임에서 음악과 영화에 이르기까지 모든 형태의 미디어 콘텐츠를 해방시키는 데로 이동했다. 그들의 기술과 사회적 실천 모두에서, 이러한 디지털 해적들은 종종 기술적 가속주의보다 더 오래된 작업 방식을 포용했다. 심지어 비트토렌트(BitTorrent) 시대까지 줄곧, '더 신(The Scene)'으로 이름 붙여진 엘리트 디지털 해적단의 느슨한 연합은 여전히 월드 와이드 웹(World Wide Web)에 선행한 기술인 파일 전송 프로토콜(File Transfer Protocol: FTP) 서버를 통해 움

---

38 Nadia Eghbal, *Roads and Bridges: The Unseen Labor Behind Our Digital Infrastructure*, Ford Foundation, July 14, 2016.

직였다.[39] 냅스터(Napster)가 등장했을 때, 세밀한 관찰자들은 파일 공유를 문화 산업의 주요 관심사로 삼은 냅스터의 천재성은 기술적인 마법이 아니라 역행 아키텍처에서 비롯되었다고 언급했다.

냅스터는 몇 가지 측면에서 인터넷의 옛 시절로 회귀하는 어떤 것이다. 인터넷의 대중적 사용은 서버가 정보를 저장하기 위해 사용되어야 한다는 것을 의미했다. 반면, 냅스터는 냅스터 공동체 구성원의 개인 컴퓨터들 사이의 통신에 의존한다.[40]

다른 말로 해서, 냅스터의 피어 투 피어(peer-to-peer) 아키텍처는 오늘날 우리를 거대 테크 회사의 서버에 속박시키는 '클라우드'보다 1980년대의 게시판 시스템 시대의 분산형 컴퓨팅과 더 유사하다.[41]

인터넷의 역사를 형성해 온 – 지식 재산권, 사생활 보호와 감시, 기업 통제를 두고 벌어진 – 많은 갈등은 1800년대 초 직조공의 투쟁과 구조적으로 유사한 포섭에 대한 투쟁으로 인식하는 것이 유용하다. 숙련된 컴퓨터 사용자들은 되풀이해 마이크로소프트(Microsoft)와 같은 기업들이 바라던 대로 행동하기보다는 디지털 아티팩트(digital artifact)를 만들고, 교환하고, 사용하는 이미 확립된 자율적인 방식을 보호하기 위해 결집해 왔다. 1990년대에 웹은

---

39 Gavin Mueller, *Media Piracy in the Cultural Economy: Intellectual Property Under Neo-liberal Restructuring* (New York: Routledge, 2019), p. 64.

40 Trevor Merriden, *Irresistible Forces: The Business Legacy of Napster and the Growth of the Underground Internet* (Mankato, MN: Capstone Publishers, 2001), p. 5.

41 Kevin Driscoll, "Social Media's Dial-Up Ancestor: The Bulletin Board System," *IEEE Spectrum*, October 24, 2016, spectrum. ieee.org 참조.

4 하이테크 러다이즘 **151**

아마추어와 취미 활동가 들의 영역이었다. 기업은 인터넷 접속을 제공함으로써 수익을 창출했지만, 일단 서서 사용자 행동은 비공식 팬 웹페이지, 가볍게 규제되는 포럼, 자유롭게 이용 가능한 게임과 소프트웨어 컬렉션 등 대부분 비상업적인 공간이었던 것을 통해 자유롭게 계속되었다. 이 시기는 상품 교환이라는 일반적인 자본주의적 원칙이 지배했지만, 개별 사용자 행동은 통제되지 않았던 형식적 포섭의 시기였다. 브라질 좌파 공산주의 그룹 후마나에스페라(Humanaesfera)가 언급하듯이, "물리적 하부 구조는 개인 소유였다". 하지만 "이 물리적 하부 구조에서 나온 사회적 콘텐츠는 자본의 권한을 넘어섰다".[42]

걷잡을 수 없는 투기의 시기 이후 이른바 닷컴(dotcom) 버블이 많은 초기의 온라인 사업 모델과 함께 수조 달러의 부를 공중분해시키면서 터져버렸을 때 이런 목가적인 시간은 갑자기 끝나버렸다. 당시 일부 평론가들은 인터넷 자체가 과대광고에 불과하다고까지 생각했다. 그러나 디지털 자본주의는 그렇게 쉽게 중단되지 않을 것이다. 살아남은 기술자들이 디지털 인터페이스와 기반 시설을 기업가 팀 오라일리(Tim O'Reilly)가 '웹 2.0'이라고 브랜드화한 것으로 재구성하면서 네트워크화된 새로운 축적 기술이 등장했다.[43] 오라일리는 악명 높은 버블의 피해자인 펫츠닷컴(Pets.com)식의 인터넷 점포(storefront)의 복제는 실패한 전략이라는 것을 깨달았다. 대신, 웹 2.0

---

42 Humanaesfera, "A Social History of the Internet," *Intransigence*, 3 (October 2018).

43 미디어 역사학자 마이클 스티븐슨(Michael Stevenson)은 해커 뉴스 제공 웹사이트 슬래시닷(*Slashdot*)이 편집 기능을 자동화한 방식이 웹 정보화의 조금 더 이른 기원이라고 한다. Stevenson, "Slashdot, Open News and Informated Media: Exploring the Intersection of Imagined Futures and Web Publishing Technology," in *New Media, Old Media: A History and Theory Reader*, 2nd ed., eds. Wendy H. K. Chun, Anna Watkins Fisher and Thomas Keenan (London: Routledge, 2015), pp. 616~630 참조.

은 '참여의 아키텍처'를 레버리지로 삼아 "'이기적인' 이해관계를 추구하는 사용자들이 자동 부산물로서 집합적 가치를 구축"할 것이다.[44] 다른 말로 해서, 활동이 데이터를 생산할 것이다. 이것은 인터넷을 통한 컴퓨팅 자체의 재구조화를 통해 일어났다. 오라일리는 구글을 이러한 변화의 전형으로 지목했다. 사용자가 개인 컴퓨터에 설치할 수 있는 소프트웨어를 제공하는 대신, 구글은 소프트웨어가 자체 서버에서 실행되는 동안 원격으로 서비스를 제공했다. 이것은 "회사 밖의 누구도 볼 수 없는 오픈 소스 운영 체제와 자체 개발 애플리케이션 및 유틸리티를 실행하는 대규모로 확장 가능한 범용 PC의 모음", 즉 이제는 '클라우드'라고 부르는 것이다. 이런 방식으로 구글은 서비스 사용자로부터 데이터를 수집하는 동안 내내 "사용자와 사용자의 온라인 경험 사이의 중간자" 역할을 할 수 있었다.[45]

오라일리의 장밋빛 '참여' 개념은 블로그, 리믹스, 창의적 팬덤의 형태로 온라인에서 '참여적 미디어'의 민주적인 대중문화의 부상을 예고했던 클레이 서키(Clay Shirky)와 헨리 젱킨스(Henry Jenkins)와 같은 기술 낙관주의 지식인들의 상상력을 사로잡았다. 그러나 실제 이야기는 참여라기보다는 '자동 부산물', 즉 미세 조정하는 시스템에 피드백되는 사용자 데이터였다. 데이터는 온라인 행동을 합리화하는 데 사용될 수 있으며, 플랫폼 내에서의 활동 기간을 연장하고 그 활동을 더 생산적이고 가치 있게 만들 수 있다. 이것은 민주주의가 아니라 자본주의적 가치 생산을 위해 웹을 분산된 기계로 전환하는 것이었다. 미디어 이론가 마크 안드레예비치(Mark Andrejevic)와 같은 비평가들에게, 웹 2.0의 '참여 아키텍처'는 데이터 추출을 위한 '디지털 인클

---

44 Tim O'Reilly, "What Is Web 2.0?," *O'Reilly Media*, September 30, 2005, oreilly.com.

45 O'Reilly, 같은 글.

로저(digital enclosure)'로 더 잘 이해되었다.[46] 오늘날 우리 대부분의 경우, 소셜 미디어를 통한 스크롤링에서부터 오래된 뮤직비디오 시청과 양말 쇼핑에 이르기까지 모든 온라인 활동은 수십 개 때로는 수백 개의 회사에 의해 추적되고 있으며, 기업은 이러한 활동을 마케팅 데이터로 쑤셔 넣는다.

직장에서 컴퓨터 사용의 증가를 매우 상세하게 관찰한 문화 기술지 학자 쇼샤너 주보프는 그녀가 '감시 자본주의'라고 부르는 이러한 '새로운 축적 논리'의 연구로 나아갔다.[47] 주보프에 따르면, (오라일리의 사례처럼 구글이 예증하는) 감시 자본주의는 노동 과정을 자동화할 뿐만 아니라 노동 과정에 대한 데이터를 지속적으로 생산하는 역할을 하는 직장의 정보화에서 작동하는 역학으로부터 전개된다. 구글과 함께 ─ 이메일의 모든 단어, 모든 검색, 지도로 표시되는 모든 통근 등 ─ 모든 사용자 행동은 궁극적으로 광고 판매에 초점을 맞추는 시스템을 더욱 개선하는 정보가 된다. 이 데이터는 구글의 자산으로, 회사의 윗사람에 의해 저장되고 가치를 추출하는 데 사용되며, 그 데이터를 생산한 사람에게는 구글의 서비스 외에 아무것도 전달되지 않는다. 이러한 비대칭은 주보프가 감시 자본주의의 추출 논리로 구분하는 것, 즉 "기업과 기업의 전 주민들 사이의 구조적 호혜성의 부재"의 핵심에 있다.[48]

주보프는 이 모든 것을 이전의 수익 창출 방식과의 급격한 단절이라고 묘사한다. 그러나 감시 자본주의는 상품 교환 및 노동관계의 일상생활로의 침투가 심화된 것으로 더 잘 이해된다. 단순히 테크 기업과 나머지 우리 사이

---

46 Mark Andrejevic, "Surveillance in the Digital Enclosure," *Communication Review*, 10(4) (2007), pp. 295~317.

47 Shoshana Zuboff, "Big Other: Surveillance Capitalism and the Prospects of an Information Civilization," *Journal of Information Technology*, 30 (2015), p. 75.

48 Zuboff, 같은 글, pp. 80~81.

의 관계가 착취적이어서 이러한 기업이 우리의 운명에 대해 무관심한 것이 아니다. 특히 마르크스주의자들은 기업의 선한 은혜에 의존하는 것으로 충분하다고 생각한 적이 거의 없다. 오히려 그들은 우리가 직면해야 하는 것은 새로운 종류의 '금전화'를 향한 냉혹한 긴축 압박과 결합된 상품 – 데이터 – 의 직접적인 생산 방향으로 행동을 **재구성**하는 것이라고 제안한다. 그리고 우리는 데이터를 자연 상태에 존재하는 것으로 취급하는 자연 자원의 은유를 따르기보다, 모호한 계약에 의해 지배되는 기술적 장치 안에 갇혀 있는 인간 활동에 의해 데이터가 생산되는 방식과 싸워야 한다. 따라서 사용자가 데이터를 생산하는 방식은 자본주의적 노동관계와 유사해지기 시작한다.

해커들은 이러한 상황에 어떻게 대응했는가? 우선, 그들은 사용자의 사생활을 강화하고 보호하는 기술을 개발함으로써 감시 자본주의와 싸워왔다. 사용자 행동의 실질적 포섭은 감시와 추적에 의존하기 때문에 이러한 개인 정보 보호 애플리케이션들은 웹을 형식적으로 포섭되었던 상대적으로 자율적인 창조적 활동의 상태로 되돌리려는 또 다른 종류의 러다이트 기술이다. 사회과학자 맥시가스(Maxigas)는 해커들이 사용하는 그러한 사례로서 리퀘스트폴리시(RequestPolicy)라고 불리는 브라우저 확장을 기록한다. 리퀘스트폴리시는 사용자가 방문하는 웹사이트가 사용자에게 알리지 않고 다른 사이트의 콘텐츠를 통합하는 구글의 내장 광고나 데이터 애널리틱스 트래킹(data analytics tracking)과 같은 이른바 사이트 간 요청을 차단한다. 현대의 웹사이트는 그러한 제3자 콘텐츠로 넘쳐나기 때문에 리퀘스트폴리시는 효과적으로 웹을 충돌시켜서, 정상적인 상업 페이지를 돌아다니기가 불가능하게 만든다. 이것은 맥시가스가 "웹의 역사를 되감으려는 역행적 시도, 즉 그들이 말하듯이 웹사이트의 필수 메커니즘을 '파괴'하는 러다이트 기계"라

고 이름 붙인 것이다.[49]

환각제에서부터 이웃을 유혹하는 것까지 모든 것을 구매할 수 있는 곳인 이른바 다크 웹(dark web)은 하이테크 문화에서 러다이트 에토스를 완벽하게 압축하고 있다. 다크 웹은 익명의 분산 아키텍처를 통해 사용자 활동을 전송함으로써 사용자 활동을 알기 어렵게 만드는 Tor 프로토콜(The Onion Router의 약칭으로 딥 웹과 다크 웹에서 이용되는 네트워크 우회와 익명화를 위한 도구이다 - 옮긴이)에서 실행된다. 추적 기술의 시선으로부터 사용자 활동을 감춤으로써 Tor는 이 활동이 데이터로 빨려 들어가는 것을 방지하고 따라서 비상품화한다. 물론, 다크 웹 자체가 상품화에서 자유롭지는 않다. 사실, 종종 불법적인 종류의 상품과 서비스의 구매와 판매가 만연하다. 따라서 다크 웹은 시장 교환이 없는 공간이 아니라 감시 자본주의가 없는 공간이다. 특히 자유 지상주의 경제 이론에 의해 이상화된 종류의 소규모 상품 교환은 계속되지만, 나머지 웹의 운명에 영향을 미쳐온 통합 메커니즘과는 분리되어 그렇게 진행된다.

Tor 사이트 자체는 1990년대의 초기 웹과 기묘하게 유사성이 있다. 페이지들은 자주 충돌하면서, 개별적으로 유지된다. 게시판 시스템의 오래된 전승(傳承) - 해킹 지침서, 마약 이야기, 자가 제조의 술과 폭발물을 위한 위험한 레시피로 가득 찬 『아나키스트의 요리책(Anarchist Cookbook)』 - 은 어디에나 있다. 검색 엔진은 있다 하더라도 형편없이 작동하기 때문에 인터넷 항해(navigation)는 크로스링킹(crosslinking)과 입소문에 더 많이 의존한다. Tor의 프락시 사용은 페이지 로딩 시간이 전화 접속 속도로 되돌아간다는 것을 의미하며,

---

49 Maxigas, "Hackers against Technology: Critique and Recuperation in Technological Cycles," *Social Studies of Science*, 47(6) (2017), pp. 850~851.

따라서 시끄러운 모뎀 시대의 단순하고 간단한 HTML 웹 디자인을 선호한다. Tor와 함께 러다이트 기술은 러다이트 미학으로 이어진다.

리처드 스톨먼과 다른 러다이트 기술자들은 좌파 정치 진영이 기술 발전을 전면적으로 장악할 수 있다는 가정 위에 기술 발전을 기업가에게 맡겨두기보다는 기술 자체가 현재 투쟁의 발화점이라는 것을 인식하고 있다. 나아가, 그들은 포섭의 기술에 대항한 투쟁이 승리할 수 있을 뿐만 아니라 대안적인 기술 발전의 길을 밝힐 수도 있다는 것을 보여준다. 그러나 해커 문화는 종종 엘리트주의로 가득 차 있는데, 이는 능력주의 기교 문화에서 종종 발견되는 불행한 부작용이다. Tor를 사용할 수 있는 기술적 이해를 가진 일상적인 사용자는 거의 없을 것이다. 실제로 포섭된 웹을 패배시키는 리퀘스트폴리시를 통해 고생을 감수할 사람은 더 적을 것이다.

점점 더 많은 활동 – 특히 노동 – 이 감시 자본주의의 역학에 종속된 온라인 공간으로 이동함에 따라, 러다이트 기술이 어떻게 가장 숙련된 헌신 지지자를 넘어 더 많은 인터넷 사용자에게 손을 뻗어 영향을 미칠 수 있을지 생각해 볼 필요가 시급하다.

새로운 디지털 자동화

우리는 종종 '알고리즘'과 '인공지능(AI)'과 같은 모호한 어휘들로 일컬어지는 디지털 자동화 기술이 일과 거버넌스 모두를 변화시킬 조짐이 보이는 결정적 순간에 있다. 또는 그런 말을 듣는다. 디지털화된 정보, 즉 정보화된 활동 세대로부터 생산되는 '빅 데이터'의 엄청난 과잉에서 비롯된 이러한 기술들은 모든 고용 방식을 변화시켜서 법과 의료와 같은 분야에서 고도로 훈련된 전문가의 경력에도 영향을 미칠 조짐을 보이고 있다. '지식 노동'에서의 화이트칼라 일자리는 한때 편안한 미래의 약속이었지만, 구글 차이나의 전 회장인 리카이푸(Kai-Fu Lee)와 같은 기술주의자들은 이제 화이트칼라 일자리가 먼저 사라질 것이라고 단언한다. 리에 따르면, "화이트칼라 직업은 순수한 정량적 분석 과정이기 때문에 없애기가 더 쉽다. 기자, 무역업자, 텔레마케팅, 텔레세일즈, 고객 서비스, 분석가 등은 모두 소프트웨어로 대체할 수 있다".[50]

물론 소프트웨어에 의한 노동자의 '대체'는 수십 년 동안 일어났고, 종종 비참한 결과와 함께 빠른 속도로 계속되고 있다. 정부 관료 조직은 컴퓨터가 효율성을 높이고 비용을 절감할 것을 약속한 첫 번째 장소들 가운데 일부였으며, 이것은 컴퓨터 하드 드라이브가 '폴더들' 안에 정리된 '파일들'인 이유이다.[51] 오늘날 국가 기관이 알고리즘과 소프트웨어 패키지를 가지고 비용을 절약하는 신자유주의적 긴축에 대응함에 따라, 결과는 엄청나게 파괴적이다. 정치과학자 버지니아 유뱅크스(Virginia Eubanks)는 '비용 절감' 소프트웨어 패키지와 공공 지원 부처의 통합이 어떻게 해서 그녀가 '디지털 구빈원'이라고 부르는 것을 창출했는지 자세하게 설명한다.

디지털 구빈원은 가난한 사람들이 공공 자원에 접근하는 것을 단념시키고, 이들의 노동, 지출, 성생활, 육아를 감시하며, 미래 행동을 예측하려 한다. 그리고 이런 요구에 순응하지 않는 사람은 처벌하고 범죄자로 취급한다. 그 과정에서 '적격한' 가난과 '부적격한' 가난 사이에 날로 정교해지는 도덕적 구분이 만들어지

---

50 Matthew Belvedere, "AI Will Obliterate Half of All Jobs, Starting with White Collar, Says Ex-Google China President," *CNBC*, November 13, 2017, cnbc.com.

51 Jon Agar, *The Government Machine: A Revolutionary History of the Computer* (Cambridge, MA: MIT Press, 2003).

는데, 이런 분류는 서로를 돌보지 못하는 우리의 국가적 실패를 합리화한다.[52]

그녀가 관찰한 바로는 "우리의 현재 복지 제도에서 자동화된 의사 결정은" 정부 관료주의에 혁명을 일으키기보다 "오래된, 본능적인 형태의 처벌 및 통제와 아주 비슷하게 작용한다. 그것은 걸러내고 견제한다. 그것은 조력자가 아니라 문지기이다".[53] 선의를 가진 정부 공무원도 자신의 노동 과정을 파편화시키고 합리화하는 시스템에 굴복한다. 사회 복지사가 보살펴야 하는 사람들과 친밀해지고 행동 방침을 판단하기 위한 귀중한 맥락을 획득하면서 개별 대상을 추적하는 곳에서, 자동화된 시스템은 대상을 역사나 맥락은 제외하고 처리해야 할 작업으로 세분화한다. 그 결과는 한 케이스워크 사회 복지사가 말하듯이, 탈인간화이다. "내가 공장에서 일하고 싶었으면 공장에서 일했겠죠."[54]

유사한 시스템이 정부 전반에 확산되고 있다. 법학 교수 프랭크 패스퀼리(Frank Pasquale)에 따르면, 자동화가 법체계에 미치는 영향은 잠재적으로 재앙적이다. 알고리즘에 의한 인간 판단의 소멸은 법의 지배의 종말을 의미한다. 예를 들어, '대체 제재를 위한 교정 범죄자 관리 프로파일링(Correctional Offender Management Profiling for Alternative Sanctions: COMPAS)' 알고리즘은 '예측 분석'을 사용해 판사를 위한 선고 지침을 제공한다. 이것은 피고인의 미

52　Virginia Eubanks, *Automating Inequality: How High-Tech Tools Profile, Police, and Punish the Poor* (New York: St. Martin's Press, 2018), p. 16. 〔버지니아 유뱅크스, 『자동화된 불평등: 첨단 기술은 어떻게 가난한 사람들을 분석하고, 감시하고, 처벌하는가』, 김영선 옮김(서울: 지학사, 2018), 36쪽〕.

53　Eubanks, 같은 책, p. 82. 〔130쪽〕.

54　Eubanks, 같은 책, p. 62. 〔103쪽〕.

래 범죄 가능성에 대한 일종의 위험 요인 평가이다. 알고리즘은 영업 비밀이기 때문에 알고리즘의 내부 작동 방식은 공개되지 않는다. 이것은 패스콸리가 다가올 '블랙박스 사회'라고 부르는 것의 일부이다. COMPAS는 본질적으로 이의 제기나 반대 심문에 예속되지 않는 비밀 증거를 제공하는데, 이것은 적법한 절차를 완전히 뒤집는 것이다.[55] 수학자로서 사회 비평가가 된 캐시 오닐(Cathy O'Neil)이 보여주듯이, 예측 치안(Predictive Policing: PredPol)과 같은 도구는 비통하게도 차별적인 법 집행과 사법 제도에서 생성된 데이터 세트에 의존함으로써 기존의 편견과 불평등을 고착화한다. 공정성과 같은 다른 가치보다 효율성을 선호하는 알고리즘적인 법과 질서는 '**불공정**이라는 산업 제품'에 해당한다.[56]

그러나 우리가 보았듯이, 많은 노동자가 힘겹게 표현해 왔듯이, 자동화는 결코 인간 노동을 완전히 없애지 않는다. 따라서 싱크탱크 '데이터와 사회(Data & Society)'의 보고서가 명백히 하듯이, 리카이푸의 지식 노동의 전면적인 대체에 대한 예측은 엄청난 과장이다. "인공지능 기술은 노동자를 대체하기보다는 노동 관행을 재구성한다." 동시에 "자동화된 인공지능 기술은 위태로운 노동의 상태와 질을 크게 변화시키면서, 그 기술을 사회적 맥락 안으로 완전히 통합시킬 수 있도록 허용하는 인간 노동을 감추는 경향이 있다".[57] 연구자들은 식료품점의 셀프 계산대를 조사하면서 러다이트적인 고

---

55 Frank Pasquale, "Secret Algorithms Threaten Rule of Law," *MIT Technology Review*, June 1, 2017, technologyreview.com.

56 Cathy O'Neil, *Weapons of Math Destruction: How Big Data Increases Inequality and Threatens Democracy* (New York: Broadway Books, 2017), p. 95. 〔캐시 오닐, 『대량살상 수학무기: 어떻게 빅데이터는 불평등을 확산하고 민주주의를 위협하는가』, 김정혜 옮김 (서울: 흐름, 2017), 166쪽〕.

57 Alexandra Mateescu and Madeline Clare Elish, *AI in Context: The Labor of Integrating*

객이 기술을 증오하고 기피한다는 것을 발견했다. 이에 대응해, 경영진은 직원을 감원해 줄 서는 것을 참을 수 없게 만들어서 고객이 포기하고 대신 기계를 사용하게 했다. 그렇다 하더라도 계산원은 여전히 거래를 돕고 감시해야 했다. 그러한 기술은 업무량을 줄이기는커녕, "고객 서비스 업무를 강화하고 새로운 과제를 창출하고 있다".[58] 이것은 기술 저널리스트 브라이언 머천트(Brian Merchant)가 '엉터리 자동화(shitty automation)'라고 부르는 것의 예이다.

상품 선전인이나 정부 계약자가 아직 설익은 자동화 아이디어에 기반해 최고위층에게 판매할 수 있는 기업 솔루션을 통해 비용을 절감할 수 있다면, 계산원, 점원, 콜센터 직원 들은 제대로 작동하지 않는 기계로 대체되거나 기계를 위한 여지를 마련하기 위해 근무 시간이 단축되는 것을 보게 될 수 있으며, 사용자는 하루 중 몇 시간을 허비하게 하거나 수신기에 대고 지옥 같은 소리를 지르고 싶게 만들 쓰레기 인터페이스를 통해 고통을 겪게 될 것이다. 승자는 없다.[59]

매장 고객들은 셀프 계산대의 의미가 자신들에게 업무가 소홀해진 것, 즉 미디어 학자 마이클 팜(Michael Palm)이 '소비자 노동'[60]이라고 구분한 것임을 이해하고 있다. 그래서 사람들은 기술적인 작업의 부과에 대항해 반발하면

New Technologies, report, Data and Society, January 30, 2019, p. 10.

58 Mateescu and Elish, 같은 글, p. 49.

59 Brian Merchant, "Why Self-Checkout Is and Has Always Been the Worst," _Gizmodo_, March 7, 2019.

60 Michael Palm, _Technologies of Consumer Labor: A History of Self-Service_ (New York: Routledge, 2016).

서 보복을 한다. 셀프 계산대에서는 절도가 만연하다. 도둑들은 레딧(Reddit) 과 같은 포럼에서 기술을 공유한다. '지불'을 눌러서 저울을 비활성화한 다음, 더 많은 품목을 쇼핑백에 담는다. 항상 가장 저렴한 제품(대개 바나나)의 코드를 누른다. 의심받을 때는 쇼핑백에 던져 넣고 자리를 뜬다. 그들은 또한 정당성도 제공한다. "셀프 계산대를 사용하도록 강제하는 상점에서 훔치는 것은 '도덕적으로 문제가 되지 않습니다. 이건 사람들에게 상점에서 일하라고 요구하는 겁니다'."[61]

셀프 계산대에서의 소비자 노동은 자동화가 일을 폐지하기보다는 그저 일을 확산시키는 방법의 한 예이다. 디지털 기술은 과업을 분리하고 공짜로 그 과업을 할 것으로 기대되는 다른 사람에게 재분배함으로써 과잉 노동에 기여한다. 작가 크레이그 램버트(Craig Lambert)는 이러한 일반적인 디지털 시스템 경험을 묘사하기 위해 '그림자 노동'이라는 용어를 사용한다. 이 용어는 이반 일리치(Ivan Illich)가 가사에서 쇼핑과 통학에 이르기까지 종종 여성에 의해 수행되는 평가 절하되지만 필수적인 활동을 묘사하기 위해 사용했던 것에서 유래한다.[62] 램버트에 따르면, 디지털 기술은 임금 지불되는 삶의 부분에서도 그림자 노동을 강화한다. 새로운 기술이 자리를 '자동화'시켜 없애버리면 남아 있는 노동자는 종종 새로운 과업의 공격을 맛본다. 그는 새로운 소프트웨어 패키지에 의해 촉진되는 '직무 요구 증가'에 대해 묘사한다. 예전에는 행정 직원이 직원들의 퇴근과 같은 관료적인 문제를 기록할 수 있었다면, 이제는 '결근 관리' 소프트웨어가 직원으로 하여금 직접 이

---

61 Rene Chun, "The Banana Trick and Other Acts of Self-Checkout Thievery," *Atlantic*, March 2018.

62 Ivan Illich, "Shadow-Work," *Philosophica*, 26(2) (1980), p. 8.

를 처리하도록 요구한다. 한 소프트웨어 개발자는 램버트에게 "사무실을 비운 시간을 입력하는 일이 왜 내 책임이 되었는지 알 수가 없습니다. 솔직히 코드 작성만으로도 할 일이 산더미예요. 그런데 왜 내가 인사부의 일까지 하고 있는 거죠?"라고 말한다.[63]

아툴 가완디(Atul Gawande)는 디지털 그림자 노동이 의료계에 미치는 영향을 상기시키는 글을 쓴다. 가완디는 테일러의 망령을 불러내면서, 환자를 추적 관찰하는 새로운 소프트웨어 시스템의 도입 이후에 환자로부터는 멀어지고 컴퓨터와는 더 구조화된 상호 작용을 하게 된 고통스러운 일의 재조정에 대해 묘사한다. 그는 "나는 일에 대한 지배력을 증가시키겠다고 약속했던 시스템이 대신에 나에 대한 일의 지배력을 증가시켰다고 느끼게 되었다. 우리 모두는 일을 하는 방법에 대한 제약에 대처하는 데 더 많은 시간을 소모하고 그 일을 하는 데는 더 적은 시간을 할애하면서 스크린 앞에 몸을 숙였다"고 쓴다. 그러니 그는 이러한 소프트웨어에 의한 관료제화와 싸우는 것은 의료계에서 – 사람이 컴퓨터 앞에서 보내는 시간의 양과 강하게 상관이 있는 – 번아웃 증후군 비율의 증가로 이어진다고 주장한다.[64] 그리고 가완디의 전문 분야인 외과는 기술적으로 중재된 또 다른 위기의 일부이다. 더 많은 일상 활동이 타이핑과 스와이핑(swiping, 한 손가락을 스마트폰 화면 위에 터치한 상태에서 수평 또는 수직 방향으로 일정 거리를 움직이는 제스처 – 옮긴이)을 중심으로 이루어짐에 따라 손재주는 쇠퇴했다. 미래의 외과 의사는 환자를 절개하고 봉합하는 능력을 상실할 것이다.[65]

63 Craig Lambert, *Shadow Work: The Unseen, Unpaid Jobs That Fill Your Day* (Berkeley: Counterpoint, 2015), p. 110. 〔크레이그 램버트, 『그림자 노동의 역습: 대가 없이 당신에게 떠넘겨진 보이지 않는 일들』, 이현주 옮김(서울: 민음사, 2016), 138쪽〕.

64 Atul Gawande, "Why Doctors Hate Their Computers," *New Yorker*, November 12, 2018.

기술 비평가 자단 새도스키(Jathan Sadowski)가 주장하듯이, 자율적인 기계의 시스템으로 과장된 것의 대부분은 실제로는 '포템킨 인공지능(Potemkin AI)', 즉 "정교한 소프트웨어에 의해 작동된다고 주장하지만 실제로는 로봇처럼 행동하는 인간에게 의존하는 서비스"이다.[66] 인간 노동자를 '첨단 음성 인식 소프트웨어'로 가장하는 오디오 텍스트 전환 서비스에서부터 원격 제어로 달리는 '자율' 자동차에 이르기까지 첨단 기계 지능의 주장은 과대 선전을 추구하는 벤처 자본에만 해당하는 것이 아니라 기업 내부의 노동관계를 적극적으로 혼란스럽게 한다. 작가이자 영화 제작자인 애스트라 테일러(Astra Taylor)가 주장하는 바와 같이, 그러한 '가짜 기계화(fauxtomation)'는 "일이 무급이면 가치가 없다는 인식을 강화하고, 언젠가 우리가 필요하지 않을 것이라는 생각에 적응시킨다".[67]

인공지능은 종종 마법에 비유되지만, 도로 표지판을 인식하는 것과 같이 인간에게는 단순한 – 자율 주행 자동차에게는 오히려 중요한 – 과제 수행에 자주 실패한다. 그러나 성공적인 인공지능 사례도 이를 뒷받침하는 엄청난 양의 인간 노동이 요구된다. 기계 학습 알고리즘은 수천 개의 이미지가 사람의 눈에 의해 수동으로 식별되는 데이터 세트를 통해 '훈련'되어야 한다. 영리한 테크 기업들은 이것을 하기 위해 수년 동안 사용자의 무급 활동을 사용해 왔다. 실제적으로 비생산적인 시간 사용에 대한 테일러주의적인 집착을 통해 아이디어를 생각해 낸 구글 서비스의 발명가이자 컴퓨터 과학자 루이 폰 안(Luis von Ahn)이 설계한 것과 같은 – 로봇이 아니라는 것을 증명하기 위

65 Sean Coughlan, "Surgery Students 'Losing Dexterity to Stitch Patients'," *BBC News*, October 30, 2018.

66 Jathan Sadowski, "Potemkin AI," *Real Life*, August 6, 2018, reallifemag.com

67 Astra Taylor, "The Automation Charade," *Logic*, 5, 2018, logicmag.io.

해 ─ 리캡차(ReCaptcha), 즉 이미지 식별 퍼즐 중 하나를 풀 때마다 인공지능의 훈련을 돕고 있는 것이다. "우리는 낭비되는 인간 시간을 재사용하고 있습니다."[68]

그러나 공짜 노동은 현재의 인공지능 붐에서만 가능하며, 더 신뢰할 수 있는 전문화된 노동자는 인류학자 메리 그레이(Mary Gray)와 컴퓨터 과학자 시다스 수리(Siddharth Suri)가 '자동화의 최종 단계'라고 묘사한 것을 극복할 필요가 있다. 인공지능 시스템이 원활하게 작동하려면 어마어마한 양의 '유령 노동(ghost work)' ─ 사용자의 눈과 회사 회계 장부로부터 멀리 떨어진 인간 노동자가 수행하는 작업 ─ 이 필요하다. 유령 노동은 작은 개별 활동, 즉 누구나 어디서나 적은 비용으로 수행할 수 있는 '디지털 삯일'로 '업무 분리(taskified)'된다.[69]

유령 노동을 위한 노동력 풀은 정말로 글로벌하며, 테크 기업은 그것을 착취하기를 열망해 왔다. 인공지능 훈련을 전문으로 하는 사마소스(Sama-source)는 정보를 기계 학습 시스템으로 공급하는 "지루하고 반복적이며 끝없는 작업"을 위한 저렴한 솔루션으로 특히 세계 빈민층을 대상으로 삼고 있다. 회사는 실리콘 밸리에서 확산되고 있는 의무적 인도주의 레토릭으로 정당화하고 있지만, 회사 노동자들은 저임금을 받고 있다. 고인이 된 사마소스의 CEO 레일라 자나(Leila Janah)는 아프리카 최대 빈민가인 케냐의 키

---

68 Stephanie Olsen, "ReCaptcha: Reusing Your 'Wasted' Time Online," *CNET*, July 16, 2008, cnet.com.

69 Mary L. Gray and Siddharth Suri, *Ghost Work: How to Stop Silicon Valley from Building a New Global Underclass* (Boston: Houghton Mifflin Harcourt, 2019). 〔그레이·수리, 『고스트 워크: 긱과 온디맨드 경제가 만드는 새로운 일의 탄생』, 신동숙 옮김(서울: 한스미디어, 2019)〕.

베라(Kibera) 출신 저임금 노동자를 고용하는 것이 수익성 있는 전략이라고 인정한다. 그러나 그녀는 또한 그들의 가난한 환경의 균형을 깨뜨리지 않기 위한 도덕적 선택이라고 주장한다.

> 그러나 우리 쪽 업무에서 중요한 한 가지는 지역 노동 시장을 왜곡시킬 수 있는 임금을 지불하지 않는 것이다. 만약 사람들에게 그것보다 훨씬 더 많은 돈을 지불한다면, 우리는 모든 것을 버리게 될 것이다. 그것은 노동자가 번성하고 있는 공동체에서 주거비와 식품비에 잠재적으로 부정적인 영향을 미칠 것이다.[70]

자나의 인도주의적 노력에도 불구하고, 사마소스의 사업 모델은 네트워크화된 디지털 기술이 노동의 세계에 미치는 실제 영향을 드러내 보인다. 민족주의가 부활하고 국경이 강화되는 세계에서도 인터넷은 기업이 필요한 만큼 '휴먼 클라우드(다양한 인재가 가진 지식, 재능, 기술에 대한 정보가 등록된 가상 공간으로, 기업은 필요할 때 온라인이나 앱을 통해서 원하는 사람을 고용한다 - 옮긴이)'를 활용할 수 있도록 거대한 글로벌화된 인간 노동력 저수지를 창조했다.[71] 이 클라우드에서는 멀리 떨어진 어떠한 지역도 세계에서 가장 강력한 기업으로부터 독립적으로 남아 있을 필요가 없으며, 치열한 경쟁 속에서 사람들은 긱(gig, 플랫폼을 통해서 일회성 업무를 수행하는 형태의 일 - 옮긴이)을 낚아채기 위해서 신속하고 고분고분해야 한다. 그리고 어떤 순간도 비생산적인 상태로 남아 있을 수 없다. 일자리는 아주 작은 작업으로 쪼개져서 삯일

---

70 Dave Lee, "Why Big Tech Pays Poor Kenyans to Teach Self-Driving Cars," *BBC News*, November 3, 2018, bbc.com.

71 Sarah O'Connor, "How to Manage the Gig Economy's Growing Global Jobs Market," *Financial Times*, October 30, 2018, ft.com.

로 지불되거나, '게임화'되어서 전혀 지불되지 않을 수도 있다. 이러한 잠재적인 노동의 미래는 '완전한 자동화'로부터 여가를 확장하는 것과는 아무런 관련이 없다. 정반대로 이러한 미래에는 노동이 자본주의 기술을 통해 인간 존재의 구석구석으로 스며들어 임금 및 자유 시간의 침식을 동반한다.

휴먼 클라우드의 유령 노동은 저임금 긱 노동자들이 편안한 경력을 잡아채는 운 좋은 소수의 짐을 덜어주고 있다는 인상을 줄 수 있다. 그러나 컴퓨터에 의해 촉진되는 업무 분리는 우리 모두에게 다가온다. 어설픈 의대생은 일상이 디지털 기술로 포화됨에 따라 초래되는 극적인 예를 제공한다. 그것은 바로 일상의 탈숙련화이다. 미디어 학자이자 비디오 게임 설계자인 이언 보고스트(Ian Bogost)는 자동 세정수 방출 변기에서부터 문자 메시지 자동 수정에 이르기까지 자동화된 기술의 확산이 취약성과 예측 불가능성의 감정을 촉진한다는 것을 관찰한다. 이것은 자동화된 기술이 인간의 필요를 충족시키기보다는 예측할 수 없고 통제될 수 없는 기계 논리에 사람들을 강제로 적응시키고 있기 때문이다. "기술이 더 많이 증가할수록 불안정성은 더 많이 증폭된다." 이에 대응해, 우리는 때맞춰 물이 내려가는 변기를 만들거나 오타로 가득 찬 또 다른 '자동 수정된' 메시지를 통해 혼란스럽게 만드는 신비한 의례를 개발한다. 기술이 우리를 세계의 관능성(sensuality)으로부터 분리한다는 것은 단순히 낭만적인 비평이 아니다(재미있게도 보고스트는 센서로 작동되는 공기 건조기보다 물리적인 종이 타월을 즐긴다). 그것은 실제적인 것이다. 이른바 자동화된 일상의 편리함은 통제 부족, 혼란, 그리고 기술이 우리를 적응시키는 수동성에 의해 약화된다. 그는 "개미의 곤경에 무지한 사람처럼, 그리고 개미가 자신을 내려다보는 인간의 목적을 이해하지 못하는 것처럼, 기술은 인간을 둘러싸고, 인간과 교차하고, 인간을 이용하는 – 그러나 반드시 인간의 목적을 위해 봉사하는 것은 아닌 – 힘이 되어가고 있다"라고 쓴다.[72] 이것이 바로 철학자 놀런 거츠(Nolen Gertz)가 '목적 지향적 사고방식 (in-order-to mindset)'이라고 부른 것이다.

현대 기술은 우리의 목적을 성취하도록 도움으로써 기능하는 것이 아니라 대신에 우리를 위해 목적을 결정함으로써, 즉 기술이 성취하도록 우리가 도와야 하는 목적을 우리에게 제공함으로써 기능하는 것처럼 보인다. 따라서 스마트폰 소유자가 자신의 활동을 스마트폰의 전력 및 데이터 소비의 필요에 따라 구성해야 하는 것처럼, 룸바(Roomba, 로봇 청소기 – 옮긴이) 소유자는 룸바의 동작 필요에 따라 집을 정리해야 한다. 물론 우리는 필요를 충족시키기 위해 기기를 구매하지만, 일단 구매하면 새로운 기기에 매력을 느끼게 되어 그 장치가 계속 작동하도록 해서 그 장치에 대한 매력을 유지할 수 있게 해야 할 필요와 같은 새로운 필요를 발전시키게 된다.[73]

일부 현대 기술학자들은 그러한 필요를 오래된 필요 또는 오래된 충동의 관점에서 묘사한다. 예를 들어, 사회 심리학자 지넷 퍼비스(Jeanette Purvis)는 역대 가장 인기 있는 앱 가운데 하나인 데이팅 플랫폼인 틴더(Tinder)가 "슬롯머신, 비디오 게임에서, 심지어 연구자들이 비둘기를 훈련시켜서 벽에 있는 빛을 계속 부리로 쪼게 하는 동물 실험에서도 사용되는 동일한 보상 시스템을" 사용하는 인터페이스를 통해 작동한다고 언급한다. 사용자는 무작위화된 잠재적 짝의 끊임없는 공급을 통해 무한대로 스와이핑을 하는데, 이

---

72 Ian Bogost, "Why Nothing Works Anymore," *Atlantic*, February 23, 2007, theatlantic.com.

73 Nolen Gertz, *Nihilism and Technology* (London: Rowman & Littlefield International, 2018), p. 3.

는 믿어지지 않을 정도의 움직임 – 하루에 14억 번의 스와이핑 – 과 데이트에 대한 전반적인 낮은 만족도를 초래한다.[74] 틴더 사용자들은 필사적으로 스와이핑에 빠져 있기 때문에 '커피 베이글을 만나다(Coffee Meets Bagel, 샌프란시스코에 기반을 둔 데이팅 및 소셜 네트워킹 서비스 – 옮긴이)' 시장과 같은 경쟁 서비스는 **더 적은** 옵션을 제공하는 상품을 내놓는다. 그리고 일종의 예술적인 내재적 비판으로서, 손가락을 까딱거리던 어떤 이들은 휴대 전화기에 부착된 모터를 회전시켜서 스와이핑 과정을 자동화하는 몸에서 분리된 고무 손가락인 '틴다 핑거(The Tinda Finger)'를 판매하기 시작했다. "이 아이디어는 당신이 다른 일에 집중하는 데 시간을 쓰면서도 짝 찾기의 가능성을 극대화하는 것입니다." 즉, 자동화의 '편리성'으로부터 우리를 지켜주는 자동화이다.[75]

기계 파괴

틴다 핑거는 우리의 알고리즘적이고 자동화된 세계에 대한 광범위한 대중적 불만과 눈부신 디지털 경제의 가장 눈에 띄는 상징을 조롱하고, 도전하고, 심지어 손상시키려는 충동을 향한 제스처이다. ≪파이낸셜 타임스(*Financial Times*)≫에 따르면 2018년을 특징짓는 단어의 하나인 '테크래시'[techlash, 기술을 뜻하는 테크놀로지와 급변하는 사회에 대한 반발 또는 역풍을 뜻하는 백래시(backlash)의 합성어로 빅테크 기업의 영향력이 과도하게 커지는 것에 대한

---

74 Jeanette Purvis, "Why Using Tinder Is So Satisfying," *Washington Post*, February 14, 2017, washingtonpost.com.

75 "About Tinda Finger," Tinda Finger official website, tinda-finger.com.

반발 작용으로 발생하는 현상을 말한다 – 옮긴이)는[76] 트럼프와 브렉시트(Brexit)와 같은 퇴보주의에 대한 비난을 짊어지고 나아가기 위해 소셜 미디어, 해커, 밈(meme)에 열광했던 정치 및 지식 엘리트의 상위층에 도달했다. 그러나 한동안 높은 수준의 불만이 부글부글 끓어오르고 있었다. 셰리 터클과 니컬러스 카(Nicholas Carr)와 같은 애처로운 향수는 실리콘 밸리에서 수년 동안 유행했었다. 우리를 멍청하고 잘 어울리지 못하는 존재로 만드는 인터넷에 관한 그들의 책은 자녀의 스크린 타임(screen time)을 엄격하게 제한하고 컴퓨터가 없는 엘리트 테크 프리(tech-free) 학교에 아이들을 보내지만, 나머지 우리에게는 크롬북(Chromebooks, 구글 크롬을 기반으로 만들어진 크롬 운영 체제를 채택한 노트북 – 옮긴이)과 강의 관리 소프트웨어를 강요하는 테크 기업 임원의 책장에 아무 문제없이 꽂혀 있다.[77]

이 부정적인 소요의 정점을 통과하려는 노력의 일환으로 많은 유명한 실리콘 밸리 기업가와 설계자 들은 자신들이 도와 창조했던 프랑켄슈타인의 괴물들에 대한 과오를 공표했다. 어떤 이들은 테크 부르주아지가 가장 좋아하는 해결책인 비영리 단체 설립에 손을 뻗었다. "새로운 인종을 정상으로 끌어올리고 기술을 인간성과 재동조시킴으로써 인간 격하를 역전시키겠다고" 약속한 전 구글러(Googler) 트리스탄 해리스(Tristan Harris)의 '휴먼 테크놀로지 센터(Center for Humane Technology)'는 그들 중에서 가장 눈에 띄는 자리를 차지하고 있다. 디지털 플랫폼에서의 활동은 가능한 많은 시간 동안 사용자를 연결하기보다는 슬로건이 말하는 것처럼 '알차게 보낸 시간'이어야

---

76 Rana Foroohar, "Year in a Word: Techlash," *Financial Times*, December 16, 2018, ft.com.

77 Chris Weller, "Silicon Valley Parents Are Raising Their Kids Tech-Free — and It Should Be a Red Flag," *Business Insider*, February 18, 2018, businessinsider.com.

한다. 하지만 벤 타노프(Ben Tarnoff)와 모이라 웨이겔(Moira Weigel)이 ≪가디언(Guardian)≫의 2018년 에세이에서 경고하듯이, 그러한 노력은 페이스북과 같은 회사들의 엄청난 권력과 부를 도전받지 않은 채 남겨두며, 더 그릇되게도 그 회사들은 사업의 새로운 방향성을 제시할 수도 있다.

다시 말해, '알차게 보낸 시간'은 페이스북이 더 효율적으로 수익을 창출할 수 있다는 것을 의미한다. 페이스북은 데이터 추출의 강도를 데이터 추출의 확장성보다 우선시할 수 있다. 이것은 비판가들에 대한 인정으로 가장한 현명한 사업 행보이다. 이 모델로 전환하는 것은 기술 중독에 대한 우려를 회피할 뿐만 아니라 페이스북의 현재 성장 모델에 대한 특정한 기본적 제약도 인정한다. 하루에 그토록 많은 시간이 있다. 페이스북은 소비된 전체 시간을 계속해서 우선시할 수 없다. 페이스북은 더 적은 시간에서 더 많은 가치를 추출해야 한다.[78]

다른 말로 해서, 이것은 페이스북을 위해 데이터를 생산하는 소비 시간의 연장에 기반한 절대적인 잉여 가치로부터 페이스북에서 소비된 시간이 더 생산적으로 바뀌는 상대적인 잉여 가치로 전환하는 것이다. 기술 휴머니즘은 디지털 자본주의로부터 사람들을 해방시키는 것에 대한 것이 아니라 디지털 자본주의의 범위를 확장하고 사용자를 더 수익성 있는 활동으로 몰아가는 것 ‒ 질적 시간의 정량적 가치로의 전환 ‒ 에 대한 것이다.

불행하게도 흔히 탈출구로 규정되는 면대면 대화에 대한 낭만적인 향수 또는 휴머니즘적 가치와 의미 있는 행동으로의 후퇴는 우리가 디지털 디스

---

78 Ben Tarnoff and Moira Weigel, "Why Silicon Valley Can't Fix Itself," *Guardian*, May 3, 2018, theguardian.com.

토피아에서 벗어나려고 할 때 필요한 적대감과 일반화 가능성이 모두 부족하다. 예전 산업 노동자들이 추구했던 오래된 거부 전략은 소셜 미디어의 우울한 엔진에 맞서는 더 유망한 기법일 수 있다. 미디어 학자이자 활동가인 트레보 숄츠(Trebor Scholz)가 지적하듯이, 페이스북에 대한 조직적인 보이콧은 2010년으로 거슬러 올라간다.[79] 여론 조사에 따르면, 페이스북 사용자의 40% 이상이 장기간 휴지기를 가지거나 중단하는 등 페이스북에 대한 불만이 큰 것으로 나타났다.[80] 궁극적인 중단은 이루기 어렵다. 퓨 리서치 센터(Pew Research Center)는 젊은이들이 점점 더 감시 자본주의에서 벗어나려고 노력하고 있지만, 소셜 미디어 사용은 크게 변하지 않았다는 것을 발견했으며,[81] 마케터들은 다음과 같이 경고한다. Z세대와 소셜 미디어에 관한 한 "상당한 균열이 나타나기 시작하고 있다".[82] 제품을 후원하는 '인플루언서' 현상처럼 소셜 미디어상의 존재감으로 전문가가 될 때, 그 결과는 악화된다. 유튜브(YouTube)의 번아웃 동영상은 매우 검증 가능한 경향이기 때문에 유튜브는 플랫폼의 크리에이터들 중 한 명에게 교육적인 정신 건강 동영상을 제작하도록 의뢰했다. 그러나 치료사 케이티 모건(Katie Morgan)은 그녀가 치료하려고 하는 것과 같은 고통, 즉 끊임없이 수행하고 창조해야 한

79 Trebor Scholz, *Uberworked and Underpaid: How Workers Are Disrupting the Digital Economy* (Cambridge, UK: Polity, 2016), p. 159.

80 Andrew Perrin, "Americans Are Changing Their Relationship with Facebook," *Pew Research Center*, September 5, 2018, pewresearch.org.

81 Andrew Perrin and Monica Anderson, "Share of US Adults Using Social Media, including Facebook, Is Mostly Unchanged Since 2018," *Pew Research Center*, April 10, 2019, pewresearch.org.

82 Sirin Kale, "Logged Off: Meet the Teens Who Refuse to Use Social Media," *Guardian*, August 29, 2018, theguardian.com.

다는 압박감을 겪고 있다. "나는 일을 해야 한다거나 그들이 나에게 의존하고 있다고 항상 느낍니다."[83]

거부는 저항의 한 형태일 뿐이고, 더 대립적인 방법들이 눈에 띈다. 2013년에 두 명의 캐나다 과학자들이 히치봇(hitch-BOT)이라고 불리는 인간형 히치하이킹 로봇을 만들었다. 히치봇은 스스로 움직일 수 없었다. 대신에 초보적인 어휘와 웃는 발광 다이오드(LED) 얼굴로 프로그래밍되어, 히치봇을 다음 목적지로 옮기는 것을 돕는 친절한 인간에게 의존했다. 고철 더미의 물건으로 제작된 그 로봇의 디자인 — "플라스틱 양동이 본체, 풀 누들(pool noo-dle, 수영장에서 사용하는 발포 고무로 만든 긴 튜브 — 옮긴이) 팔과 다리, 그리고 어울리는 고무장갑과 부츠" — 은 매력을 더하기 위한 노력이었다. 제작자인 프로케 젤러(Frauke Zeller)와 데이비드 해리스 스미스(David Harris Smith)는 "히치봇의 로-테크(low-tech) 외관은 복잡한 고급 가제트를 시사하기보다는 접근성을 알리기 위한 것이었다"고 설명했다.[84] 히치봇은 성공적으로 캐나다를 횡단했고, 가정으로 초대되어 식사 때에 사진이 찍히기도 했으며, 상당한 소셜 미디어 팔로워를 모았다. 그러나 히치봇을 만든 사람들은 많은 박물관에서 '거주 중인 로봇'으로서의 창작물의 지위를 자랑했지만, 단순히 마음 따뜻한 참여 예술을 무대에 올린 것은 아니었다. 실험은 그들의 말로 "인간과 로봇 노동을 최적으로 통합하는 방법을 발견하는" 진지한 공리주의적 목표를 가지고 있었다. 게다가 그들은 프로젝트의 성공이 일터에서 로봇의 광범위한 잠재력을 보여준다고 주장했다. "로봇은 단지 사무실을 효율적

83 Simon Parkin, "The Youtube Stars Heading for Burnout: 'The Most Fun Job Imaginable Became Deeply Bleak'," *Guardian*, September 8, 2018, theguardian.com.

84 Frauke Zeller and David Harris Smith, "What a Hitchhiking Robot Can Teach Us about Automated Coworkers," *Harvard Business Review*, December 18, 2014, hbr.org.

으로 만들 수 있는 기회가 아니다. 로봇은 인간의 창의성을 활용하고 인간의 관심을 유도할 기회를 제공한다."[85] 히치봇 팀은 동부 해안에서 시작해 모든 테크의 중심인 샌프란시스코에서 마치는 미국 횡단을 시도할 계획을 세웠다.

히치봇은 미국 체류가 시작된 지 2주 만에 필라델피아까지 도달했고 거기서 미상의 공격자들에 의해 파괴되었다. 그 과학자들은 형제애의 도시에는 어떤 특별한 잘못도 없음을 재빨리 선언하고 히치봇의 잔해를 캐나다로 송환할 조치를 취했다. 히치봇의 머리는 결코 발견되지 않았다.[86] 로봇이 인간을 신뢰할 수 있는지 알아보기 위한 실험에 따르면, 필라델피아의 무더운 여름 거리에서 확실한 답이 제공된 것으로 보일 것이다.

히치봇이 ≪파이낸셜 타임스≫ 칼럼니스트인 마틴 울프(Martin Wolf)가 '로봇의 발흥'이라고 부른 것의 만화적인 선구자였다면, 필라델피아의 공격자들도 – 우리의 삶에서 증가하는 인간형 로봇의 확산을 방해하기 위한 신속하고 강력한 노력을 하는 – 일종의 선구자를 대표한다.[87] 샌프란시스코에서 노숙자를 괴롭히기 위해 고용된 보안 로봇은 (대중의 무한한 창의성을 증명하는, 바비큐 소스로 코팅된 것을 포함해) 되풀이해 공격을 당했다.[88] 자율 주행차 시험장인 애리조나(Arizona)에서는 인공지능이 운행하는 차량이 격렬한 저항에 부딪혔다. 사람들은 타이어를 칼로 베고, 돌을 던지고, 총을 겨냥하고, 반복적으

---

85 Zeller and Smith, 같은 글.

86 Adam Gabbat, "Hitchbot's Decapitators Avoided Capture by the Hitchhiking Android's Cameras," *Guardian*, August 3, 2015, theguardian.com.

87 Martin Wolf, *The Rise of the Robots: Technology and the Threat of a Jobless Future* (New York: Basic Books, 2015).

88 Paris Martineau, "Someone Covered This Robot Security Guard in Barbecue Sauce and Bullied It Into Submission," *New York Magazine*, December 15, 2017, nymag.com.

로 차를 도로 밖으로 몰아내려고 시도했다. 애리조나 사람들에 따르면, 그 동기는 자기 보호이다. 2018년 3월, 운전자가 없는 우버(Uber) 차량이 템페 (Tempe)에서 길을 건너던 여성을 치어 죽였다.[89]

로봇이 일터에 들어오면 반감도 그만큼 크다. 연구자 매트 빈(Matt Beane) 은 병원이 배송 노동자를 로봇으로 대체하기 시작했을 때 노동자들은 그 장 치를 사보타주하기 시작했다고 언급한다.

이것은 더 폭력적인 형태를 취했는데, 로봇을 발로 차고, 야구 방망이로 때리고, 펜으로 '얼굴'을 찌르고, 밀치고 주먹으로 때렸다. 그러나 이러한 사보타주의 대 부분은 수동적이었다. 로봇을 지하실에 숨기고, 미리 계획된 경로 밖으로 이동 시키고, 센서를 가리고, 로봇 앞에서 천천히 걷고, 무엇보다 사용을 최소화했다.

빈은 노동자들의 행동이 무의미하다고 인출한다. 귀엽고 간단한 장치는 생계에 진정한 기술적 위협을 대표하지 않는다. 그러나 사보타주는 보다 집 중적인 직장 투쟁으로 발전할 수 있는 기계 파괴의 새로운 관행이다. 빈은 그 공격이 더 공정한 노동과 임금을 위한 팽팽한 협상의 와중에 일어났다고 지적한다.[90]

'완전한 자동화'가 반복적으로 미뤄진 꿈으로 보이는 아마존의 창고 안에 서[91] 노동자들은 분노를 로봇 액세서리로 향하게 한다. "우리는 로봇이 아니

89 Simon Romero, "Wielding Rocks and Knives, Arizonans Attack Self-Driving Cars," *New York Times*, December 31, 2018, nytimes.com.

90 Matt Beane, "Robo-Sabotage Is Surprisingly Common," *MIT Technology Review*, August 4, 2015, technologyreview.com.

91 Nick Statt, "Amazon Says Fully Automated Shipping Warehouses Are at Least a Decade

라 인간이다"는 더 인간적이고 덜 자동화된 노동 조건을 요구하는 구호가 되었다. 다른 아마존 노동자들은 곤경을 기계와의 투쟁이라고 표현한다. 아마존 풀필먼트 센터(Amazon fulfillment center, 1999년 아마존의 이사로 부임한 제프 윌크(Jeff Wilke)가 물류 센터(distribution center)라는 이름을 풀필먼트 센터로 바꾼다. 풀필먼트 센터는 공간에 제품을 보관하는 단순한 창고의 개념을 넘어서 다품종 상품을 빠르게 배달 받기를 원하는 고객을 만족시키기 위해 보관부터 배송, 재고 관리, 고객 서비스 및 환불 처리 과정까지 모두 진행할 수 있게 시스템화한 공간이다. 아마존은 판매자에게 풀필먼트 서비스(Fulfillment By Amazon: FBA)를 제공하고, 판매자는 제품 소싱과 마케팅에만 집중할 수 있다 – 옮긴이)의 한 임시직 직원은 "기계를 이겨야 합니다"라고 말했다. "이 모든 기계가 내 속도가 떨어졌다고 알려주는 것은 악몽과도 같습니다." 노동자들이 너무 느리게 움직여서 자동 경고가 3회 이상 누적되면, 그들은 기술 뒤에 숨어 있는 관리자에 의해 즉시 해고된다. 창고 임시직 노동자 파이잘 두알레(Faizal Dualeh)는 "오, 사람이 우리를 해고하지 않았습니다. 우리의 속도가 느려졌기 때문에 기계가 우리를 해고했습니다"라고 설명했다.[92]

그럼에도 불구하고 산업 자본주의와 감시 자본주의가 프레더릭 테일러조차 얼굴을 붉히게 할 지배 체제로 완벽하게 통합되는 아마존의 물류 노드의 현장에서 노동자들은 반격의 수단을 찾는다. 저널리스트 샘 애들러-벨(Sam Adler-Bell)은 아마존 노동자들의 '약자의 무기', 즉 그들이 아마존의 "총체적 감시와 신체 통제 레짐"을 전복시키기 위해 사용하는 방법을 기록한다.

Away," *Verge*, May 1, 2019, theverge.com.

92 Josh Dzieza, " 'Beat the Machine': Amazon Warehouse Workers Strike to Protest Inhumane Conditions," *Verge*, July 16, 2019, theverge.com.

내가 만난 창고 노동자들은 그들 자신이나 동료를 상대로 게임을 한다. 그들은 생산성 숫자를 높이기 위해 인위적으로 속임수를 쓴다. 그들은 암호화된 언어로 이러한 속임수를 전달한다. 그들은 스캐너를 사용해 가격이 낮게 잘못 붙여진 품목을 찾아서 대량으로 구입한다(일부는 노골적으로 훔친다). 그들은 고압적인 관리자에게 장난을 친다. 그리고 그들 대부분은 더 빨리 움직이기 위해 안전 수칙을 무시한다.[93]

애들러-벨은 그러한 전술의 효과에 대해 조심스러워하지만, 그 전술이 확산될 가능성을 보여준다고 믿는다. "작은 행동 – 특히 일종의 조직화된 속임수를 포함하는 것 – 은 결국 더 크고 더 결정적인 행동을 가능하게 하는 반항의 의지를 일깨울 수 있다." 그가 아마존 노동자들과 나눈 대화는 다음과 같은 질문을 제기한다. 어떤 종류의 크고 결정적인 행동이 기계와 기계 뒤에 있는 거대한 회사에 불리하게 형세를 비꿀 수 있을까? 이렇게 하면 우리의 직업과 일상생활에 자율성을 회복할 수 있을까?

---

93 Sam Adler-Bell, "Surviving Amazon," *Logic*, August 3, 2019, logicmag.io.

결론

앞의 장들에서 실증한 바와 같이, 지난 두 세기 동안 노동자들의 운동은 종종 러다이트적인 경향을 띠었다. 그들은 새로운 기계를 더 나은 삶을 위한 투쟁에서 자신에게 휘둘려진 무기로 이해했고 그렇게 취급했다. 계급 투쟁의 양쪽에 있는 지식인들은 종종 이러한 관점을 근시안적이거나 완전히 비이성적인 것으로 특징지었다. 노동 계급에 대한 그들의 정치적 헌신에도 불구하고, 마르크스주의 이론가들은 종종 자본주의적 기술 발전을 풍요와 여가의 수단으로 보았고, 이는 대중이 마침내 정부와 산업의 고삐를 쥐게 되면 실현될 것이었다. 이러한 주장은 오늘날에도 계속되고 있다. 두 가지 예를 들어보면, 리 필립스(Leigh Phillips)와 미칼 로즈워스키(Michal Rozworski)의 『월마트 인민 공화국(People's Republic of Walmart)』은 할인 소매상을 사회주의적 물류의 전조로 보고 있으며, 아론 바스타니의 『완전히 자동화된 화려한 공산주의』는 결국에는 '공산주의적' 종결부(coda)를 가진, 운전자 없는 자동차 및 소행성 채굴과 같은 상상적 기술에 전념하고 있다.[1] 두 저서 모두

---

1 Leigh Phillips and Michal Rozworski, *The People's Republic of Walmart* (London and New

자의식적으로 소규모의 '원시주의적' 좌파 정치에 맞서 진보적이지만 정치적으로 중립적인 기술주의적 텔로스에 대한 믿음을 회복하는 데 몸을 던진다.

급진적 좌파가 감속주의 정치를 내세울 수 있고 또한 내세워야 한다는 것이 앞에서 살펴본 사상과 행위의 역사에 의해 뒷받침되는 나의 주장이다. 그것은 변화를 늦추고, 기술적 진보를 약화시키고, 자본의 탐욕을 제한하고, 반면에 조직을 발전시키고 호전성을 배양하는 정치이다. 월마트나 아마존이 전 지구를 삼키게 하는 것은 착취적인 생산과 분배 모델을 공고히 할 뿐만 아니라, 감세, 학교 민영화, 동성 결혼 반대와 같은 보수적인 명분에 자금을 대서 노동자의 상대적 지위를 약화시키기 위해 부를 사용하는 반동적인 억만장자에게 자원을 보내는 것이다.[2] 기술을 되어가는 대로 놓아두는 것은 평등주의적 결과가 아니라 권위주의적 결과로 이어질 것이다. 왜냐하면 초부유층은 우리 나머지 사람들에 대해 어떠한 책임도 지지 않고 자신을 보호하기 위해 자원 – 종말 이후를 위한 벙커, 군사화된 요트, 개인 소유의 섬, 심지어 우주로의 탈출 – 을 소비하기 때문이다.[3]

감속주의 정치는 부유한 계층 사이에서 유행하는 '느린 라이프스타일' 정치와 다르다. 그것은 칼 오너리(Carl Honoré)가 이 운동의 선언문인 『느림의 찬미(In Praise of Slowness)』에서 언급한 것처럼, "차분하고, 신중하고, 수용적

York: Verso, 2019); Bastani, *Fully Automated Luxury Communism.* 〔바스타니, 『완전히 자동화된 화려한 공산주의』〕.

2 Catherine Ruetschlin and Sean McElwee, "The Big Influence of the Big Box," *American Prospect*, December 3, 2014, prospect.org

3 Julie Turkewitz, "A Boom Time for the Bunker Business and Doomsday Capitalists," *New York Times*, August 13, 2019, nytimes.com. 내가 이러한 경향들을 모아 정리해 놓은 "Bad and Bourgeois," *Jacobin*, February 5, 2017, jacobinmag.com을 찾아보라.

결론 179

이고, 정적이고, 직관적이고, 여유롭고, 참을성 있고, 성찰적이고, 양보다 질을" 강조하는 '존재 방식'이다.[4] 느린 미학이 기분 좋은 것이기는 하지만, 나는 특정한 삶의 속도가 '더 자연적이고 인간적인' 것이라는[5] 주장 위에 내 주장의 기초를 놓는 데 만족하지도 않으며, 오너리처럼 자본주의 체계에 '인간의 얼굴'[6]을 부여할 생각도 없다. 감속 찬성론은 자연, 인간 또는 그 밖의 것을 만족시키는 것에 기초한 것이 아니라 노동 계급을 조직하기 위한 전략이 직면한 도전을 인식하는 데 기초를 두고 있다. 미디어 학자 닉 다이어-위더퍼드(Nick Dyer-Witheford)가 현대 자본주의의 '디지털 소용돌이'라고 부른, 재구성과 재조직의 끊임없는 격동은 노동자에게 싸우기는커녕 다시 일어설 시간을 거의 주지 않는다.[7] 감속주의는 더 느린 삶으로의 후퇴가 아니라 나머지 우리를 희생시키는 엘리트의 진보에 대한 적대감의 표출이다. 그것은 발터 베냐민의 비상 브레이크이다. 그것은 방해물(a wrench in the gears)이다.

즉, 나의 주장은 라이프스타일이나 윤리에 근거한 것이 아니라 정치에 근거한 것이다. 약하고 분열된 좌파가 직면한 가장 큰 도전 중 하나는 어떻게 우리 자신을 하나의 계급으로 구성하는가, 즉 근본적인 사회 변화를 위해 동원할 다양한 부문의 사람들을 어떻게 조직할 것인가 하는 것이다. 안정적

4　Carl Honoré, *In Praise of Slowness: Challenging the Cult of Speed* (New York: Harper-Collins, 2005), p. 14. 〔칼 오너리, 『시간자결권: 자유롭게 충만하게 내 시간을 쓸 권리』, 박웅희 옮김(파주: 쌤앤파커스, 2015), 31쪽〕.

5　"Why Slow?," World Institute of Slowness official website, theworldinstituteofslowness.com.

6　Honoré, *In Praise of Slowness*, p. 17. 〔오너리, 『시간자결권』, 33쪽〕.

7　Nick Dyer-Witheford, *Cyber-Proletariat: Global Labour in the Digital Vortex* (London: Pluto, 2015).

인 일자리의 침식, 업무 작업을 증가시키기 위한 디지털 기술의 사용, 불안정한 주문형 경제의 도입, 테일러주의의 재발명, 테크 기업의 거대한 재정적·이념적 권력 등 노동자 정치에 대해 새로운 도전을 야기하는 것은 자본의 기술적 구성 변화 때문이다. 러다이즘을 통해서 우리는 이러한 힘들 중 일부에 도전할 수 있고, 19세기 노동자들이 했던 것처럼 우리의 공동의 목표 그리고 우리의 공동의 적을 발견하기 시작한다.

이런 식으로, 러다이즘은 단순히 새로운 기계나 기술에 대한 반대가 아니라 긍정적인 내용을 담은 구체적인 정치이다. 생산 지점에서 노동자들의 투쟁에서 영감을 받은 러다이즘은 **자율성**, 즉 행동의 **자유**, 기준 설정 능력, 그리고 노동 조건의 연속성과 개선을 강조한다. 특히 러다이트에게 새로운 기계는 즉각적인 위협이었고, 따라서 러다이즘은 기술이 노동 과정 및 노동 조건과 어떤 관계를 맺는지에 특별한 주의를 기울이는 비판적인 관점을 포함하고 있다. 달리 말해, 러다이즘은 기술을 중립적인 것이 아니라 **투쟁의 현장**으로 본다. 러다이즘은 **생산을 위한 생산을 거부한다**. 노동에는 다른 가치들이 걸려 있기 때문에 러다이즘은 최종 목적으로서 '효율성'에 대해 비판적이다. 러다이즘은 **일반화**할 수 있다. 그것은 개인의 도덕적 입장이 아니라 집합 행동을 통해 확산되고 구축될 수 있는 일련의 실천이다. 마지막으로, 러다이즘은 **적대적**이다. 러다이즘은 기존의 자본주의적 사회관계에 반대하며, 그 사회관계는 국가 개혁, 점증하는 재화의 과잉, 또는 더 나은 계획 경제와 같은 요소를 통해서 종식되는 것이 아니라 투쟁을 통해서 종식된다.

러다이즘에 대한 나의 주장은 러다이즘이 대중적이라는 사실과 급진적인 지식인들이 사람들의 생각을 이끌려고 하기보다 사람들이 하는 말을 듣는 것이 더 낫다는 원칙에 근거한다. 현재 사람들은 실제로 모두 의견이 일치한다. 사람들은 감속하기를 원한다. 퓨 리서치 센터의 여론 조사는 미국인의 85%가 자동화를 가장 위험한 형태의 일에만 한정하는 것을 선호한다는 것을 발견했다.[8] 대다수의 사람은 가석방 심사, 취업 지원, 재무 평가의 경우 그러한 기술이 효과적일 수 있다는 것을 인정하더라도, 알고리즘적 자동화에 반대한다.[9] 기술 진보로 우리를 재주술화하려는 유명한 가속주의자들의 노력에도 불구하고 우리는 기술 낙관적인 시대에 살고 있지 않다.

러다이즘은 대중적일 뿐만 아니라 효과적일 수 있다. 2034년까지 일자리의 47%가 증발할 것이라는 주장으로 공황 상태를 촉발했던 경제학자 카를 베네딕트 프라이는 최근 러다이트 물결을 인정했다. 그는 "테크놀로지가 방해받지 않고 항상 전진할 수 있도록 보장해 주는 것은 아무것도 없다"라고 쓴다. "자동화가 정치적 표적이 되는 것은 전적으로 가능하다."[10] 그는 제러미 코빈(Jeremy Corbyn)이 제안한 로봇세, 문재인의 로봇 공학에 대한 세금 인센티브 축소, 심지어 아마존과의 경쟁에서 서점을 더 잘 보존하기 위해 할인된 책에 대한 무료 배송을 금지하는 프랑스의 '책의 다양성(biblio-diversity)' 법 등 좌파로부터 나온 다양한 러다이트 정책들에 주목한다.[11] 역사는 이와 같은 최악의 기술 발전 경향에 대한 개혁으로 가득 차 있으며, 이는 다가오는 감속의 중요한 구성 요소가 될 것이다.

현재 가장 유망한 국면 중 하나는 실리콘 밸리 내에 전투적인 조직의 급

8   A. W. Geiger, "How Americans See Automation and the Workplace in 7 Charts," Pew Research Center, April 8, 2019, pewresearch.org.

9   Aaron Smith, "Public Attitudes Toward Computer Algorithms," Pew Research Center, November 16, 2018, pewresearch.org.

10   Carl Benedkt Frey, *The Technology Trap: Capital, Labor, and Power in the Age of Automation* (Princeton: Princeton University Press, 2019), p. 291. [카를 베네딕트 프라이, 『테크놀로지의 덫: 자동화 시대의 자본, 노동, 권력』, 조미현 옮김(서울: 에코리브르, 2019), 379쪽].

11   Frey, 같은 책, pp. 290~291. [379쪽].

중이며, 이는 해커 문화 내에서 배양된 러다이트 경향성을 계속하고 있다. 예를 들어, 구글 직원들은 미 국방부의 인공지능 계획인 프로젝트 메이븐 (Project Maven)을 포기하도록 회사를 압박하는 데 성공했다. 그러한 행동에는 소프트웨어 엔지니어가 그 프로젝트에 대한 작업을 거부함으로써 상관에게 반항한 것이 포함되었다.[12] 그 승리는 세일즈포스(Salesforce), 마이크로소프트, 아마존의 노동자들이 미 이민집행국에 인공지능 및 데이터 프로세싱 능력을 제공하려는 회사에 반대하는 조직을 구성하도록 영감을 주었다.[13] 이러한 투쟁은 전쟁과 자본주의에 반대하는 투사들과 함께 과학 및 공학 공동체의 씨를 뿌리기 위해 노력했던 베트남 전쟁 시대의 '평화를 위한 컴퓨터인'과 '민중을 위한 과학'과 같은 기술 노동자 연합(Tech Workers Coalition) 조직에 의해 주도되고 통합되었다. 해시태그 #TechWontBuildIt은 해로운 기술을 위한 작업을 거부하는 개발자들을 위한 슬로건, 새로운 거부 전략이 되었다. 그것은 넓은 슬로건이다. 기술적인 징이노움에 내해 공상에 빠지기보다, 우리는 노동자가 생산하기를 거부할 수 있는 모든 상황과 이러한 작업을 방해하기 위해 사용할 수 있는 창조적인 방법을 상상할 수 있다.

테크 기업의 엔지니어와 프로그래머 들은 노동 인구 가운데서 특권적 위치를 차지하고 있다. 왜냐하면 수요가 많은 그들의 기량은 해고를 어렵게 하며, 경영진에 대항해 자신을 지킬 수 있는 더 많은 여지를 제공하기 때문이다. 그러나 빅테크 내부에서 조직화하는 노동자는 페이스북의 카페테리아 노동자와 만안 지역의 보안 직원이 조합을 결성하는 행동을 지원하는 등

12 Marc Bergen, "Google Engineers Refused to Build Security Tool to Win Military Contracts," *Bloomberg*, June 21, 2018, bloomberg.com.
13 Nitasha Tiku, "Why Tech Worker Dissent Is Going Viral," *Wired*, June 29, 2018, wired.com.

이들 기업의 더 불안정한 부문으로 확장했다.[14] 구글에서 정규직 직원들은 회사가 임시직 직원을 착취적으로 이용하는 것에 대해 떠들썩하게 동요를 일으켰으며, 이것은 회사가 급여와 복지 혜택의 최저 기준을 높이도록 한 놀라운 연대의 표현이었다.[15] 우리는 회사를 덜 파괴적이고 착취적인 방향으로 몰아가는 테크 기업 내 힘의 구성을 보고 있는 것인지도 모른다.

러다이트 정치는 테크 산업을 넘어서 많은 새로운 비판적 지식 및 정치적 투쟁과 연결될 수 있다. 여기서 환경 위기를 해결하기 위한 운동은 특히 불가피해 보인다. 새로운 기술을 도입함으로써 탄소 중립적인 방식으로 현재의 생산과 소비 패턴을 지속할 수 있다고 주장하는 여러 두드러진 목소리에도 불구하고, 우리가 재앙적인 기후 변화를 피할 수 있는 어떤 희망을 가지려면 경제적인 체계의 근본적인 변화가 필요하다는 것이 점점 더 분명해지고 있다.[16] 녹색 러다이즘은 기술적 해결주의와 자연 회귀 원시주의의 막다른 길에 대한 대안이 될 수 있다. 그것은 우리의 필요를 충족시키는 더 느리고 덜 집중적이고 덜 소외되고 더 사회적인 방법을 찾는 것이다. 알리사 바티스토니(Alyssa Battistoni)는 돌봄 노동을 중심으로 한 '모두의 번영을 지향하는 저탄소 사회'를 훌륭하게 스케치한다. 그것은 점점 더 노동 현장 투쟁에

---

14 Jillian D'Onfro, "Google Walkouts Showed What the New Tech Resistance Looks Like, with Lots of Cues from Union Organizing," *CNBC*, November 3, 2018, cnbc.com.

15 Julia Carrie Wong, "Google Staff Condemn Treatment of Temp Workers in 'Historic' Show of Solidarity," *Guardian*, April 2, 2019, theguardian.com.

16 혁신 연구소(Breakthrough Institute)가 출간한 『에코모더니스트 선언(*The Ecomodernist Manifesto*)』은 그러한 위기에 기술적인 해결책을 제공하는 전형적인 예이다. 브뤼노 라투르(Bruno Latour)가 그 문서에 대한 비판에서 말했듯이, "그들은 진지하게 아무 일도 일어나지 않을 것이며 이전처럼 영원히 계속될 것이라고 믿는다". Latour, "Fifty Shades of Green," presentation to the panel on modernism at the Breakthrough Dialog, June 2015, Sausalito, California 참조.

참여하는 노동자를 쉽게 참여시키는 '가르치기, 정원 가꾸기, 요리하기, 간호하기' 등의 모든 저배출 활동이다.[17] 그리고 환경 역사학자 트로이 베테세(Troy Vettese)의 '자연적인 지오엔지니어링(geo-engineering, 기후 변화, 지구 온난화를 막기 위해 인위적으로 기후 시스템 조절 및 통제를 목적으로 하는 새로운 과학 기술 분야 – 옮긴이)'에 대한 야심 찬 요청은 쿠바를 거대한 대다수 지구 인구의 생활 수준을 높일 수 있는, 화석 연료가 없는 재야생화된 지구의 모델로 보고 있다.[18]

여기가 러다이즘이 탈성장 정치에 대한 관심을 표현할 수 있는 지점이다. 탈성장은 제3세계 국가가 산업화된 북반구의 것과 일치하는 발전 모형을 따라야 한다고 가정했던, 저발전된 남반구를 위한 근대적 개발 계획에 대한 비판에서 비롯되었다. 경제학자 세르주 라투슈(Serge LaTouche)가 말하듯이, "탈성장 개념은 어떤 의미에서 남반구에서, 더 구체적으로는 아프리카에서 태어났다".[19] 경제적인 의미에서 발전의 실패는 지역적 관습과 지식에 대한 유럽 중심적 평가 절하에 대한 분노와 결합되어 아프리카 지식인들이 다른 선택지를 찾도록 이끌었다. 라투슈는 이러한 우려가 임박한 생태 위기의 인식과 긴밀하게 연관되어 있다고 언급한다. "성장 사회는 바람직하지 않을 뿐만 아니라 지속 가능하지도 않다!"[20] 탈성장은 해방은 끝없는 자본 축적에 얽매이지 않으며, 나아가 웰빙은 경제 통계로 환원될 수 없다는 인식을 러

17 Alyssa Battistoni, "Living, Not Just Surviving," *Jacobin*, August 15, 2017, jacobinmag.com.

18 Troy Vettese, "To Freeze the Thames," *New Left Review*, 111 (May/June 2018).

19 Serge LaTouche, *Farewell to Growth* (New York: Polity, 2010), p. 56. 〔세르주 라투슈, 『성장하지 않아도 우리는 행복할까?: 세상을 바꾸는 탈성장에 관한 소론』, 이상빈 옮김(서울: 민음사, 2015), 74쪽〕.

20 LaTouche, 같은 책, p. 14. 〔24쪽〕.

다이즘과 공유한다. 환경 과학자 조지오스 칼리스(Giorgios Kallis)와 동료 연구자들이 묘사하듯이, "탈성장은 에너지와 자원 사용을 축소하는 것에 대한 것일 뿐만 아니라, 경제주의를 벗어난 전반적인 프로젝트, 즉 사회적 상상력을 탈식민화하고 공적 논쟁을 성장에 특권을 부여하는 경제적 용어로 표현된 지배적인 담론으로부터 해방시키는 것에 관한 것이다".[21] 그리고 탈성장은 원시주의가 아니다. 라투슈의 정식화에서 탈성장은 "1960~1970년의 것에 상당하는 물질 생산량"으로의 복귀를 의미할 수 있다.[22]

이 감속주의 도식에는 아직도 다른 공명점이 있다. 기술 담론의 초점을 '혁신'에서 기존 기술 인프라의 관리 및 보수라는 활력 있는 실천으로 전환하고자 하는 연구 네트워크인 '유지주의자들'(Maintainers, 기술을 운용하고, 관리하고, 보수하는 사람들, 즉 기계를 지키는 사람들을 말한다 – 옮긴이)의 예를 들어보자. 공동 대표인 앤디 러셀(Andy Russell)과 리 빈셀(Lee Vinsel)은 "새로운 것들을 도입하는 사회적 과정인 혁신도 중요하지만, 우리 주변의 대부분의 기술은 오래되었고, 일상의 원활한 기능을 위해서는 유지가 더 중요하다"라고 말한다.[23] 게다가 유지주의자들은 배관공, 엘리베이터 수리공, 컴퓨터 코드 버그 수정자, 안전 담당관과 같은 "사회의 시스템을 계속 돌아가게 하는 중요한 개인"을 높이고 옹호하려고 한다.[24] 미디어 인류학자 섀넌 매턴(Shannon Mattern)이 언급하듯이, 유지주의자들은 "계획된 구식화(planned ob-

21 Giorgios Kallis et al., "Research on Degrowth," *Annual Review of Environment and Resources*, 43 (2018), p. 296.

22 LaTouche, *Farewell*, p. 68. [89쪽].

23 Andrew Russell and Lee Vinsel, "Let's Get Excited about Maintenance," *New York Times*, July 22, 2017, nytimes.com.

24 "About Us," Maintainers official website, themaintainers.org.

solescence, 의도적으로 수명이 제한된 제품 또는 의도적으로 취약한 디자인을 가진 제품을 설계해 계획된 일정 기간이 지나면 제품이 점차 제 기능을 하지 못하거나 갑자기 기능이 멈추게 만드는 정책 – 옮긴이)의 낭비, 지속 불가능한 공급망의 환경적 영향, 돌봄 노동의 평가 절하, 유지를 위한 자금 지원 부족 등" 탈성장 옹호자들의 우려를 많이 공유한다.[25] 그리고 유지주의자들은 종종 일상적이고 겸손한 언어로 그들의 노력을 표현하지만, 그들이 요구하는 것은 우리가 기술과 만나는 방식과의 급진적인 단절이나 다름없다. 그들은 강력한 자본주의자에 의해 높은 데서 전달되는 파괴적 혁신보다 우리가 중요한 이해관계를 가지고 있는 우리의 일상생활의 리듬에 내재되어 있는 취약한 사회·기술적 하부 구조에 찬성론을 편다. 그것은 생산보다는 사회적 재생산을 강조하고 더 느리고 더 민주적인 기술과의 관계를 중시하는 정치이다.[26]

'수리할 권리' 운동은 보존 지향적인 유지에 관심을 두고 있는 러다이트적인 기술적 주창자로 나선다. 현재 우리의 디지털 기술 대부분은 우리가 구매한 기기를 수리하고 재가공할 배타적인 권리를 주장하는 제조업자에 의해서만 변경 가능하다. 애플은 저렴한 예비 부품에 대한 접근을 막고, 지니어스 바(Genius Bar, 애플 제품에 문제가 있는 사용자가 숙련된 전문가로부터 일대일 기술 지원을 받을 수 있는 곳. 애플은 애플 제품의 기술적 문제를 해결할 숙련된 전문가를 '지니어스'라고 부르고, 애프터서비스가 진행되는 나무 탁자를 '지니어스 바'라고 부른다 – 옮긴이)에서 고객에게 대체품을 사는 것이 더 값싼 옵션이 되는 지점까지 몰아붙인다. 이것은 애플에게 명백한 이익이 되며, 명백한 자원

---

25 Shannon Mattern, "Minimal Maintenance," *Lapsus Lima*, October 2, 2019, lapsuslima.com.

26 다른 곳에서 매턴은 유지가 그러한 작업에 비판적인 페미니스트 전통을 포함한다는 것을 상기시킨다. "Maintenance and Care," *Places Journal*, November 2018, placesjournal.org 참조.

낭비이다. 심지어 디지털로 여겨지지 않는 기술도 그러한 통제를 받는다. 예를 들어, 존 디어(John Deere) 트랙터의 전속(專屬) 소프트웨어는 회사가 모든 새로운 부품의 설치를 승인하도록 요구하는 라이선스와 함께 제공된다. 농부인 케빈 케니(Kevin Kenny)는 다음과 같이 말한다.

> 변속기의 교체를 원하면 그것을 자영 정비공에게 가져갑니다. 새로운 변속을 넣을 수 있지만, 트랙터는 수리점 밖으로 운전할 수 없습니다. 디어는 230달러에 기술자가 밖으로 운전해 나와서 부품을 승인하기 위해 USB포트에 커넥터를 연결하는 데 시간당 130달러를 추가로 청구합니다.[27]

이에 대응해, 일부 농부들은 장비를 안정적이고, 개방적이며 수리 가능하게 유지하려는 노력으로 동유럽 커뮤니티 사이트에서 다운로드한 크랙(crack, 복사 방지나 등록 기술 등이 적용된 소프트웨어의 보안 시스템을 침입해 불법 복제하거나 파괴하는 것 – 옮긴이)으로 소프트웨어를 해킹하고 있다. 그것은 숙련과 자율성을 포기하라는 기술 자본주의적 요구에 굴복하기를 거부하는, 방어벽으로 싸여 있는 코드의 정원을 찢어서 열어젖히는, 활동 중인 순수한 러다이즘이다.

수리할 권리 운동은 법적 개혁을 통해 이러한 실천을 합법화하려고 하며, 매사추세츠주 상원 의원 엘리자베스 워런(Elizabeth Warren)과 같은 강력한 정치적 동지를 얻었다.[28] 다른 조직들은 풀뿌리 노선들을 따라 노력하고 있

---

27 Jason Koebler, "Why American Farmers Are Hacking Their Tractors with Ukrainian Firmware," *Motherboard*, March 21, 2017, vice.com.

28 Nathan Proctor, "Right to Repair Is Now a National Issue," *Wired*, April 1, 2019, wired.com.

다. 영국에서 재시작 프로젝트(Restart Project)는 폐기와 과잉 생산에 보상을 주는 시장의 요구에 굴복하는 대신 우리가 적합하다고 생각하는 대로 기기를 고치고 손보는 능력을 회복하려고 애쓴다. 재시작 프로젝트는 단순히 소비자의 시간과 돈을 절약하는 것이 아니라 훈련 워크숍을 통해 기술과 기술 사용자 사이의 관계를 변화시키는 작업을 구상한다.

> 사람들이 함께 모여 기술을 공유하고 기기를 열 자신감을 얻게 함으로써 우리는 사람들에게 변화를 만들 수 있는 실제적인 방법뿐만 아니라 어떤 종류의 제품을 원하는지에 대한 더 넓은 문제를 논의할 방법을 제공한다.[29]

확실히 이러한 현대적인 프로젝트는 활기차고 다양하며, 어떤 의미에서는 어울리지 않는다. 내가 이 책에서 논의한 많은 역사적 운동도 마찬가지이다. 러다이즘은 맥락에 따라 다르게 나타난다. 다양한 조직과 주창자 들이 사전에 동의했던 것은 정치적 프로그램이 아니라 자본주의가 작동하는 방식에 상당한 적대감을 구성하는 더 미확정적인 무언가이고, 일종의 분산된 감성이다. 그리고 그것은 예상치 못한 방식으로 구체적인 연합을 촉발할 수 있다.

효과적인 급진 정치는 특정한 혁명 주체를 염두에 두고 미리 구성된 빈틈 없는 계획에서 비롯되는 것이 아니다. 심지어 승리를 거둔 혁명도 이질적인 적대감이 쌓이고 병합되고 또한 분열되는 곳에서 일어난 무계획적인 것들이다. 볼셰비키 혁명의 성공에 대한 레닌의 분석을 연구한 루이 알튀세르는 그 혁명이 프롤레타리아 계급이 단순히 국가를 전복시킬 정도로 충분히 성

---

29 "About," Restart Project official website, therestartproject.org.

장하고 조직화된 경우가 아니었다고 주장했다. 오히려 그 혁명은 '단절의 통일성(ruptural unity)'이었다. 즉, "'정황'과 '흐름'이, 그 기원과 방향이 어떠하든 간에(이들 중 다수는 그 기원과 방향에서 필연적으로 혁명과 역설적으로 무관하고 게다가 혁명에 '절대적으로 대립해' 있다) 축적되어야 한다".[30] 문화 이론가 스튜어트 홀(Stuart Hall)은 알튀세르에 대한 그의 독자적인 독해에서 다음과 같이 말했다.

> 이론에 입각한 정치적 실천의 목표는 분명 사회적 또는 경제적 세력과, 이들이 실천 가운데 진보적인 방식으로 역사에 개입하도록 이끌 수 있는 정치와 이데올로기 형식 사이에 접합을 조성하거나 구축하는 것이어야 한다.[31]

나의 희망은 사무실에서, 작업장에서, 학교에서, 거리에서 러다이즘의 인식이 반기술 정서에 역사적 깊이와 이론적 정교함 그리고 정치적 관련성을 부여함으로써 오늘날 급진주의자들의 야망에 도움이 되는 것이다. 우리는 알튀세르의 말대로 "그 기원도, 방향도, 적용의 수준도 각각 다른"[32] 자본과 국가의 집중된 권력에 대항하는 다른 투쟁과 연결되는 믿을 수 없는 다양성 속에서 펼쳐지는 무수한 적대적 실천을 통해 서로를 발견할 수 있다. 그렇게 하기 위해서는 적절하게 정치적이거나, 진정으로 급진적이거나, 정당하

---

30 Louis Althusser, "Contradiction and Overdetermination," in *For Marx*, trans. Ben Brewster (New York: Vintage, 1970), p. 99. 〔루이 알튀세르, 「모순과 과잉결정」, 『마르크스를 위하여』, 서관모 옮김(서울: 후마니타스, 2017), 177쪽〕.

31 Stuart Hall, "Signification, Representation, Ideology: Althusser and the Post-Structuralist Debates," *Critical Studies in Mass Communication*, 2(2) (June 1985), p. 95.

32 Althusser, "Contradiction and Overdetermination," p. 100. 〔알튀세르, 앞의 글, 178쪽〕.

게 좌파이기 위해 무엇이 필수적인지에 대해 미리 구성된 계획이나 리트머스 시험지는 필요하지 않다. 마르크스가 네덜란드 사회주의자 페르디난트 도멜라 니우엔하위스(Ferdinand Domela Nieuwenhuis)에게 보낸 말년의 편지에서 썼듯이, "미래의 혁명을 위한 행동 프로그램에 대한 교조적이고 어쩔 수 없이 환상적인 기대는 우리를 현재의 투쟁으로부터 멀어지게 할 뿐이다".[33] 오히려 이질적인 불만을 하나의 집단 정치로 조직하는 첫 번째 단계는 우리 자신의 급진적인 자주적 활동과 다른 사람들의 급진적인 자주적 활동을 함께 인식하고 회복할 것을 요구한다. 심지어, 어쩌면 특별히, 작업 중에 사물을 파괴할 때도 그러하다.

---

33 Karl Marx, letter to Domela Nieuwenhuis, February 22, 1881, in *Marx and Engels Correspondence*, trans. Donna Torr (New York: International Publishers, 1968).

찾아보기

옮긴이의 글

숙명여자대학교 인문학연구소 인문한국플러스(HK +) 사업단은 '혐오 시대, 인문학의 대응'이라는 어젠다 연구를 수행해 오면서 그동안 여덟 권의 의미 있는 책을 출판했다. 혐오 시대에 대응하는 인문학의 기초를 다지기 위해 혐오 현상에 접근하는 다양한 이론들을 모은 『혐오이론 I: 학제적 접근』[1]과 『혐오이론 II: 학제적 접근』[2]을 펴냈고, 여러 학문 분야에서 혐오를 연구하는 데 도움이 되는 기본서라 할 만한 번역서 세 권, 『혐오의 해부』,[3] 『혐오의 의미』,[4] 『혐오의 현상학』[5]을 출판했다. 또한 우리 사업단은 '인종·젠더 분과', '노인·질병·장애 분과', '비인간 분과'로 조직화해 연구 활동을 해오고 있는데, 우리 사업단의 연구진과 외부 연구진의 글들을 모아서 책으로 출판했다. '인종·젠더 분과'의 연구 결과물은 『반영과 굴절 사이: 혐오 정동과 문화 재현』[6]으로 출판되었고, '노인·질병·장애 분과'의 연구 결과물은 『상처 입은 몸: 노인, 질병, 장애와 혐오 담론들』[7]로 출판되었으며, '비인간 분과'의 연구 결과물은 『물질 혐오: 왜 물질이 문제인가』[8]로 출판되었다.

---

1   박인찬 외, 『혐오이론 I: 학제적 접근』(파주: 한울, 2022).
2   박인찬 외, 『혐오이론 II: 학제적 접근』(파주: 한울, 2023).
3   윌리엄 이언 밀러(William Ian Miller), 『혐오의 해부』, 하홍규 옮김(파주: 한울, 2022).
4   콜린 맥긴(Colin McGin), 『혐오의 의미』, 강미영 옮김(파주: 한울, 2022).
5   스미스(Barry Smith)·코스마이어(Carolyn Korsmeyer) 엮음, 콜나이(Aurel Kolnai) 지음, 『혐오의 현상학』, 하홍규 옮김(파주: 한울, 2022).
6   이진아 외, 『반영과 굴절 사이: 혐오 정동과 문화 재현』(파주: 한울, 2022).
7   이지형 외, 『상처 입은 몸: 노인, 질병, 장애와 혐오 담론들』(파주: 한울, 2023).

『하이테크 러다이즘: 디지털 시대의 기계 혐오』는 우리 사업단에서 펴내는 학술연구총서 시리즈 가운데 아홉 번째로 출판되는 번역서이다. 이 책의 원제는 *Breaking Things At Work: The Luddites Are Right About Why You Hate Your Job*(Verso, 2021)이다. 책의 제목을 그대로 우리말로 옮기자면 '작업장에서 사물들 부수기: 당신이 당신의 일을 증오하는 이유에 대해서 러다이트가 옳다'이겠으나, 책의 내용을 함축적으로 전달하기 위해 그대로 번역하기보다는 책의 마지막 장의 제목인 '하이테크 러다이즘'을 번역서의 제목으로 택했다.

오늘날 빠르게 발전하는 과학 기술에 의한 디지털 자동화는 그저 풍요와 여가의 수단으로만 볼 수 없다. 더구나 디지털 자동화가 가져온 노동 현실을 보면 발전된 기술이 노동자들의 짐을 덜어주고 인간다운 생활을 보장하는 해방의 결과를 낳지 못하고 있다. 자동화된 기술이 인간 노동자들의 삶의 현실을 '자동적으로' 향상시키지 못한다는 것이다. 보다 구체적으로 디지털 자동화로 표상되는 자본의 기술적 구성 변화는 "안정적인 일자리의 침식, 노동 과제를 확산하기 위한 디지털 기술의 사용, 불안정한 주문형 경제의 도입, 테일러주의의 재발명, 테크 기업의 거대한 재정적·이념적 권력 등"과 같은 새로운 도전을 실천 계급으로 구성되어야 할 노동자들에게 부과하고 있다.

'하이테크 러다이즘'은 지난 두 세기 동안 노동자들의 운동이 러다이트적인 경향을 띠어왔음에 주목해, 오늘날 발전된 자동화 기술이 생산 현장에 들어왔을 때 벌어지는 저항적 실천도 그러한 연속선상에서 파악할 수 있다는 의도를 가지고 붙여진 이름이다. 러다이트들의 기계 파괴 운동은 때때로

---

8   박인찬 외, 『물질 혐오: 왜 물질이 문제인가』(파주: 한울, 2023).

시대착오적이며, 비효율적이고, 원시적인 노력이라는 비판을 받아왔지만, 사실 이 운동은 노동자들이 작업장에서 누가 생산 과정을 통제하는가의 문제와 관련된 노동 실천 운동이었다. 통신 기술 시스템에 의해 이루어지는 감시 자본주의에 도전하는 해커나 자유 소프트웨어 운동가들, 빅테크 기업 내부에서 조직화하는 노동자들이 보여주는 하이테크 러다이즘도 고도화된 기술이 생산 현장에 가져온 파괴적 결과들을 극복하려는 실천적 노력으로 이해되어야 한다. 왜냐하면 실천을 위한 조직 구성의 필요성이 카를 마르크스가 활동하던 시절에 비해 전혀 감소하지 않았으며, 직업과 일상생활에서 자율성의 회복 역시도 여전히 임박한 과제로 우리에게 주어져 있기 때문이다.

저자인 개빈 뮬러(Gavin Mueller)는 암스테르담 대학교(University of Amsterdam) 미디어 연구 학과에서 뉴 미디어와 디지털 문화를 가르치며 연구하고 있다. 뮬러는 이 세계의 여러 곳을 다니면서, 실제로 여러 직업을 가지고 일하면서 또한 그 일자리를 잃는 경험을 하면서 이 책을 썼다고 밝히고 있다. 이 책이 그저 책상머리에서 통계 수치들을 가득 담은 여러 연구 보고서를 토대로 완성된 종류의 책이 아니라는 뜻이다. 그래서 이 책은 번역자로서 느끼기에 뭔가 뜨거운 실천적 열정을 담고 있다. 저자는 러다이즘을 단순한 기계 및 기술에 대한 반대가 아니라 생산 현장에서 노동 조건의 연속성과 개선을 강조하는 긍정적 내용을 담은 구체적인 정치로 제시한다. 기계를 파괴하는 노동자들의 시도는 단순히 기술 공포증이나 반문명주의와 동일한 것이 아니라, 기술적 진보의 속도를 늦추고 탐욕스러운 자본의 실행을 제한하며, 노동자 자신들의 호전성을 배양하는 이른바 '감속주의 정치'의 실천이다. 이러한 정치적 실천이 필요한 이유는 기술이 현재의 속도로 발전하는 그대로 놓아두면, 그것이 평등주의적인 결과가 아니라 권위주의적인 결과를 낳을 것이 너무나 분명하기 때문이다. 결론적으로 이 책은 새로운 변화에 도전하는 노동자들에게 힘을 주기(empowering) 위한 것이며, 우리 모두가 기술, 진보, 그리고 노동에 대해 생각하는 방식을 재고하기를 요청한다.

마지막으로 이 책이 나오기까지 세밀하게 애써준 한울엠플러스(주) 편집부의 김우영 씨에게 고마운 마음을 전한다. 여러 권의 책을 번역한 경험이 있음에도 불구하고 항상 틀린 곳이 없을까 염려하게 되는데, 번역 원고를 읽고 고쳐주는 편집자의 눈과 손을 거치며 어느 정도 안심을 할 수 있게 되었다. 그럼에도 불구하고 여전히 있을 수밖에 없는 잘못은 오로지 번역자인 나의 몫이다. 편집자도 당연히 컴퓨터로 작업하였을 터인데, 그 일하는 과정이 그리 고통스럽지는 않았길 바랄 뿐이다.

2023년 5월

하홍규

지은이

개 빈 뮬 러 Gavin Mueller

암스테르담 대학교의 뉴 미디어와 디지털 문화 연구과 조교수이다. 연구 주제로 디지털 미디어와 문화의 정치를 개념적·문화적·이론적 역사 안에서 파악하며, 디지털 세계와 문화 생산에 관한 비판적 이론을 구축하는 데 중점을 두고 있다. 텍사스 대학교 댈러스 캠퍼스(University of Texas at Dallas)와 조지 메이슨 대학교(George Mason University)에서 가르쳤다. 저서로 *Media Piracy in the Cultural Economy: Intellectual Property and Labor Under Neoliberal Restructuring*(2019)이 있다. *Jacobin*과 *Viewpoint Magazine* 창간 이래 지속적으로 글을 기고해 왔다.

옮긴이

하 홍 규

연세대학교 사회학과에서 학사 및 석사학위를 받고, 미국 보스턴 대학교 사회학과에서 박사학위를 받았다. 현재 숙명여자대학교 인문학연구소 HK 연구교수로 일하고 있다. 사회이론과 종교사회학이 주 전공 분야이며, 현재 문화사회학, 감정사회학을 바탕으로 혐오 연구에 전념하고 있다. 주요 저서로 『피터 버거』(2019), 『감정의 세계, 정치』(2018, 공저), 『공간에 대한 사회인문학적 이해』(2017, 공저), 『현대사회학 이론: 패러다임적 구도와 전환』(2013, 공저) 등이 있으며, 주요 논문으로 「냄새와 혐오」(2021), 「탈사회적 사회의 종교: 자기만의 신, 신으로서의 개인」(2021), 「종교 갈등과 감정 정치」(2021) 등이 있다. 주요 역서로 『혐오의 현상학』(2022), 『혐오의 해부』(2022), 『사회과학의 방법론: 사회적 설명의 다양성』(2021), 『종교와 테러리즘』(2020), 『모바일 장의 발자취』(2019), 『실재의 사회적 구성』(2014)이 있다.

한울아카데미 2461
숙명여자대학교 인문학연구소 HK + 사업단 학술연구총서 09
하이테크 러다이즘
디지털 시대의 기계 혐오

ⓒ 하홍규, 2023

지은이 ㅣ 개빈 뮬러
옮긴이 ㅣ 하홍규
펴낸이 ㅣ 김종수
펴낸곳 ㅣ 한울엠플러스(주)
편집책임 ㅣ 조인순
편집 ㅣ 김우영

초판 1쇄 인쇄 ㅣ 2023년 6월 16일
초판 1쇄 발행 ㅣ 2023년 7월 20일

주소 ㅣ 10881 경기도 파주시 광인사길 153 한울시소빌딩 3층
전화 ㅣ 031-955-0655
팩스 ㅣ 031-955-0656
홈페이지 ㅣ www.hanulmplus.kr
등록번호 ㅣ 제406-2015-000143호

Printed in Korea.
ISBN 078 80 160 7162 0 03330 (양장)
　　　978-89-460-8263-2 93330 (무선)

※ 책값은 겉표지에 표시되어 있습니다.
※ 무선제본 책을 교재로 사용하시려면 본사로 연락해 주시기 바랍니다.

※ 이 저서는 2020년 대한민국 교육부와 한국연구재단의 지원을 받아 수행된 연구임
　(NRF-2020S1A6A3A03063902).